인문학으로 누정樓亭 읽기

박연호 저

충북대학교 출판부

목 차

머리말

문화를 인문학적 시각에서 본다는 것은 무엇인가? 그것은 문화를 향유했던 '사람'의 시각에서 보는 것이다. 옛 문화를 감상하는 것은 그것을 만들고 사용하며 즐겼던 사람의 시각에서 볼 때 제대로 이해할 수 있다. 당대인의 시각에서 당대인의 문화를 이해하는 것을 '역사적 원근법'에 의한 이해라고 한다. 쌍둥이 사이에도 세대차이가 난다는 말이 있다. 내가 아닌 타인의 입장에서 상대방을 이해하는 것이 얼마나 어려운가를 상징적으로 보여주는 말이다. 하물며 옛 사람을 직접 만나 그의 생각을 듣지 못하는 상황에서 유물의 형태로 남아 있는 문화재를 당대인의 시각에서 감상하는 것은 어쩌면 불가능한 일인지도 모른다. 하지만 우리에겐 그들이 남긴 기록이 있다. 그 기록을 통해 그들의 생각을 읽어내고 제한적이나마 그들의 시각에서 그들이 남긴 문화를 이해할 수 있다.

건축과 회화, 도자기 등 우리나라에는 많은 문화재들이 있다. 현재 대중들을 위해 문화재를 설명해 놓은 것을 보면 언제 누가 만들었으며, 만든 사람이 언제 태어나 무슨 벼슬을 하다가 언제 세상을 떠났는지가 설명의 전부라고 해도 과언이 아니다. 사찰의 건축물이나 탑을 설명해 놓은 것을 보면, 건립연대와 건립자 그리고 문화재의 형태를 설명해 놓은 것이 대부분이다. 건립연대와 건립자는 기본적인 지식으로 필요하다고 해도, 눈으로 보면 금방 알 수 있는 형태를 왜 굳이 매우 전문적이고 어려운 용어를 사용해서 설명해 놓았는지 알 수 없다.

관람자의 입장에서는 이 절이 왜 이곳에 건립되었고, 건물마다 이름은 왜 다르며, 건물의 구성이 불교의 종교적 지향과 어떻게 관련되어 있는지, 건물과 탑에 새겨진 그림이나 문양들은 종교적으로 어떤 의미가 있는지, 이곳에서 신도들은 어떤 발원(發願)을 했는지 등이 훨씬 궁금할 것이다. 하지만 어떤 사찰에 가도 이와 같은 설명은 찾아 볼 수 없다. 이것은 그것을 만들고 향유했던 당대인의 시각에서 문화재를 이해하는 것이 아니라 관찰자의 시각에서 역사 속에 유폐(遺弊)된 유물로 문화재를 보는 것이다.

당대인의 시각에서 그들이 남긴 문화를 본다는 것은 건축물의 경우, 그들은 그것을 왜 만들었는지, 왜 그곳에 세웠는지, 그곳에서 무엇을 했는지, 회화의 경우에도 그런 그림을 왜 그렸는지, 그들에게 그 그림은 어떤 의미가 있었는지를 생각해 보는 것이 그들의 입장에서 문화를 보는 것이다. 또 청자나 백자는 색깔과 모양의 측면에서 당대의 음식문화와 어떻게 관련되었는지를 생각해보는 것도, 조선시대 못은 왜 모두 사각형이며, 그곳에는 대부분 연꽃을 심었는지, 그것이 당대인들의 어떤 사고를 반영하고 있는지 등의 의문을 가지고 문화를 이해하는 것이 당대인의 시각에서 문화를 보려고 노력하는 것이며 인문학적인 시각에서 문화를 이해하는 것이다.

누정문화를 감상하는 것도 마찬가지이다. 경회루(慶會樓)를 비롯한 루(樓)는 정자에 비해 규모가 크고 화려하며 이층집의 형태를 갖추고 있다. 반면에 정자(亭子)는 단층에 기둥과 지붕만으로 이루어진 것이 대부분이다. 누정은 기둥만 있고 벽이 없다. 왜 루(樓)와 정(亭)은 이렇게 다른 형태로 지어졌는지, 사람들은 그곳에서 무엇을 했는지,

정자는 왜 조선시대에 집중적으로 지어졌는지, 루(樓), 정(亭), 각(閣), 대(臺), 재(齋), 헌(軒) 등은 각각 어떻게 다른지, 이와 같은 의문을 품고 누정을 보려고 할 때, 당대인의 시각에 좀 더 가까이 다가갈 수 있을 것이다. 이 책은 남원의 광한루 삼척의 죽서루, 전남 담양의 면앙정과 식영정을 대상으로 이와 같은 의문들을 풀어나갈 것이다.

필자는 한문학 전공자가 아니다. 때문에 한문 번역에 오류가 있을 것이다. 그럼에도 용기를 내어 번역한 것은 해당 자료들이 누정을 이해하는 데 꼭 필요한 것들이라고 생각했기 때문이다. 부족하나마 이 책이 문화를 보는 시각에 조금이라도 도움이 되길 바랄 뿐이다.

2018년 가을 연구실에서

1. 누정(樓亭)과 원림(園林)[1)]

누정은 원림문화의 일부로, 일정한 경계 내에 인공적으로 조성된 원림 안에 축조되기도 하고, 산수자연을 관찰하기 좋은 위치에 건립되기도 한다. 후자의 경우 누정 주변의 경물들을 끌어옴[차경(借景)]으로써 누정 주변 전체를 원림으로 만드는데, 이를 인공원림과 구분하여 산수원림(山水園林)이라고 한다.

원림문화는 삼국시대부터 궁중과 사찰을 중심으로 발달해 왔으며, 민간 원림은 고려 중기부터 시작된 것으로 보인다. 최충헌(崔忠獻 : 1149~1219)이나 기홍수(奇洪壽 : 1148~1209), 이규보(李奎報 : 1168~1214) 등 무신정권시기에 권문귀족들의 저택에 조성되기 시작했다.

고려 인종(仁宗) 즉위년(1123)에 고려에 왔던 송나라 사신 서긍(徐兢)이 쓴 〈누관(樓觀)〉이라는 글에 의하면 "관도(官道) 양쪽에 고급관리와 부유한 사람들"에 의해 누정이 세워졌다고 하였다.[2)]

---

1) 원림(園林)의 개념에 대해서는 논자마다 약간씩 다르게 의미를 규정하고 있다. 원림은 되면서 "자연환경에 인공적 개조와 가공을 가하여 실용적 가치와 심미적 가치를 동시에 지니고 있는 공간"이라는 의미로 사용되었다. 반면에 정원(庭園)은 "담과 가옥으로 둘러싸인 실외 공간"을 의미한다. "정원과 원림의 차이는 전자가 가옥과 불가분의 관계 속에 존재하는 폐쇄적 공간인 반면, 후자는 주택과 결합되었든 분리되었든 독립적으로 존재하는 공간체계"이다[李珠魯, 「中國園林과 中國文化」, 『中國文學』 33집(한국중국어문학회, 2000), 17~24면]. 본고에서는 원림이라는 용어를 원림과 정원을 포괄하는 용어로 사용하도록 하겠다. 정원도 원림문화의 일부로 볼 수 있기 때문이다.

2) "처음에는 오직 왕성(王城)과 궁사(宮寺)에서만 [누관(樓觀)을] 갖추고 있었다. 그런데

(1) 고려중기 - 민간 庭園의 발달

민간 원림의 구체적인 모습은 이규보가 고려시대 무신집권기의 최고 권력자인 최충헌의 저택 원림에 대해서 쓴 〈진강후모정기(晉康侯茅亭記)〉와 기홍수의 퇴식재(退食齋) 원림에 관한 기록에서 처음 나타난다.

이규보가 쓴 〈진강후모정기〉는 다음과 같다.

> 곡령(鵠嶺)을 뒤에 지고 용수(龍首)를 옆에 끼고서 사방이 모이는 곳, 신경(神京)의 가운데 웅거하여 울창하게 아름다운 기운이 있는 것은 남산(男山)이다. 그 산기슭에 잇달아 지은 천문(千門)·만호(萬戶)의 집들은 마치 고기비늘이 겹친 듯 즐비한데, 그 중에서 특히 끌어당기는 형세가 마치 교룡이 일어나는 듯 봉황이 춤추는 듯한 것은 상국(相國) 진강후(晉康侯)의 갑제(甲第)이다. 그 조용히 쉬면서 유관(遊觀)하는 장소로 말하면, 바로 모정(茅亭)이 있어 그 꼭대기는 뾰족하고 그 몸은 둥글어서, 바라보면 마치 깃으로 덮은 듯한 것이 반공에 높이 휘날린다. …중략… 이 정자는 성시(城市)를 벗어나지 않고도 초연히 운산(雲山)의 정취를 가져서 사람의 마음을 자연 맑게 한다. 궤석(几席) 사이에서 부앙(俯仰)하며 앉아서 사방을 굽어보니, 장교(長橋)가 마주 보이고 구규(九逵)가 다 드러나, 초헌을 탄 자, 말에 걸터앉은 자, 걷는 자, 뛰는 자, 짐을 지고 가는 자, 물건을 끌고 가는 자 등 천태만상이 털끝만한 것도 시야에서 도망하지 못하니, 무릇 먼 경치를 바라보는 데는 이 정자만한 것이 없다. …중략… 비단 장막이 높이 걷히고 주옥(珠玉)과 비취(翡翠)로 꾸민 미인들이 죽 늘어서서 노래·생황·

지금은 관도(官道) 양쪽에 고급관리와 부유한 사람들이 점점 사치스러워져서, 선의문(宣義門)을 들어가면 수십 가구마다 누정을 하나씩 세웠다.(初惟王城宮寺有之 今官道兩傍與國相富人 稍稍僭侈 入宣義門 每數十家 則建一樓)". 서긍(徐兢), 「성읍(城邑)」, 〈누관(樓觀)〉, 『고려도경(高麗圖經)』 권3(홍익재, 1997), 74-75면.

통소 · 피리 소리가 바람을 따라 울려 퍼지고, 혹은 문채나는 바둑판에 옥 바둑알의 쩡쩡 울리는 소리가 대숲 밖으로 울려 퍼지니, 생각하건대 호천(壺天)과 동부(洞府)도 이보다 낫지 못하리라. 연당(蓮塘)과 압소(鴨沼)가 있어 매년 여름 6월이면 연꽃이 만발하고 붉은 옷 · 비단 깃의 새들이 물결을 따라 떠다니니, 그 경치는 강호에서 보던 것과 조금도 다르지 않다.[3]

모정(茅亭)은 최충헌의 저택 안에 있다. 모정은 유관(遊觀)하는 장소이자 노래 부르고 춤추며 바둑을 즐기는 유흥의 공간이다. 즉 일상과 공무를 떠나 휴식을 취하고 풍류를 즐기는 공간이라 할 수 있다. 저택에 조성된 원림에는 연못(蓮塘)과 습지(鴨沼)를 조성하였고, 그 안에 기이한 동식물을 길렀다. 이규보는 이곳을 신선의 세계[호천(壺天)과 동부(洞府)]보다 낫다고 하였다. 또한 강호의 경치와 조금도 다르지 않다고 했으니, 원림 안에 조성된 인공물과 자연물은 모두 강호자연의 풍광을 재현하기 위한 요소들임을 알 수 있다.

김은미는 "고려중기의 기(記)는 전대의 기(記)에 비해서 자연경관을 문장으로 곡진하게 묘사해 내는 서경(敍景)에 천착하는 경향"[4]을 보이는데, 그것은 이 시기에 물(物)의 본성(本性)을 표상하는 것으로 인식한 진상(眞象)을 포착하기 위한 것이라고 하였다.[5]

따라서 최충헌의 원림이 강호자연의 풍광과 조금도 다르지 않다는 이규보의 언급은 진상을 포착하려는 의도를 내포하고 있다고 할 수 있다. 그러나 개별적인 사물의 아름다움에 경도되거나 의미를 파악

---

3) 민족문화추진회, 『국역 동국이상국집』. 이하 국역문집은 모두 민족문화추진회에서 발간한 것이기에 따로 표기하지 않음.
4) 김은미, 앞의 논문, 111면.
5) 김은미, 앞의 논문, 121면.

하는 데 초점을 맞추고 있을 뿐, 그것들이 조화를 이루어 하나의 유기적인 질서 내지 세계는 만들어내지 못했다.

인용문에서 또 하나 주목되는 것은 원림 외부에서 끌어들이고 있는 경물이 분주한 성시(城市), 즉 활기찬 도시의 모습에 국한되어 있다는 점이다. 분주한 성시의 모습은 태평성대를 표상하며, 이것은 원림이 점유하고 있는 지리적인 상서로움과 더불어, 최충헌의 원림이 전통적인 왕실 원유(苑囿)와 마찬가지로 당대 최고 권력자로서 최충헌의 위의(威儀)와 자부심을 표현하는 데 초점을 맞추고 있음을 의미한다.

기홍수(奇洪壽 : 1148~1209)의 퇴식재(退食齋) 원림은 누정기와 집경시를 함께 구비하고 있다는 점에서 주목된다. 이규보는 기홍수의 퇴식재원림에 대해 다음과 같이 기록하였다.

〈기상서퇴식재팔영 병인(奇尙書退食齋八詠 幷引)〉

옥경(玉京)의 남녘 요지요 기리(綺里)의 서쪽 변두리라, 물품의 화려한 종류가 다 모였고 천지의 한 문호를 열었도다. 땅이 서로 용수령(龍首嶺)에 접했으니 옥색 기운이 위로 떠오르고, 하늘이 바로 순미(鶉尾 남방의 별 이름) 경계를 나눴으니 붉은 햇빛이 아래로 내리쏘도다. 이야말로 조화아(造化兒)로서도 이르지 못하는 곳이거늘 인지(仁智)한 이가 아니라면 그 누가 여기를 차지할 수 있으랴.

옛날에는 풀 우거진 길이고 이끼 낀 뜰이었는데 지금에 와선 노래하는 대(臺)이고 춤추는 관(館)이로세. 영천(靈泉)이 항상 솟아나 조그마한 티끌도 섞이지 않은지라, 얼룩 기둥 사이로 힘차게 흐르고 푸른 바위 밑으로 새어 떨어지니 넘실넘실 출렁이는 물결은 쪽이 아니건만 푸르고 냉랭하게 들리는 소리는 거문고 아니어도 잘 울리누나. 이미

봉래(蓬萊) · 영주(瀛州)의 동산에다 또 소보(巢父) · 허유(許由)의 의관을 갖추었도다. 두어 그루 서늘한 대는 풍우의 하늘을 연상케 하고, 한 조각 떨어진 꽃은 신선의 경계를 드러내도다. 세 송이 모란꽃이요, 아홉 송이 창포꽃이라, 이에 수레와 일산이 문을 메우고 술과 안주가 소반에 가득하여, 구슬 항아리의 구온주(九醞酒)를 따르고 옥 도마의 팔진미(八珍味)를 차려 내는데, 문하에게 지체함이 없도록 훈계함은 정 사농(鄭司農)의 문객을 좋아함이고, 자리가 항상 가득함을 일컬음은 공 대부(孔大夫)의 내빈을 기뻐함이로다.

맑은 날씨가 포근히 비추고 좋은 바람이 가볍게 불어오면, 푸른 소나무에 기대어 두건을 젖히고 흐르는 물에 둘러앉아 술잔을 띄우면서, 난정(蘭亭)의 봄 수계(修禊)를 그리워하고 하삭(河朔)의 피서(避暑)하던 술잔을 상상하리. 사씨(謝氏)의 시편(詩篇)과 한씨(韓氏)의 부월(斧鉞)은 주인이 바로 영호(令狐) 재상이고, 공자(孔子)의 사상과 주공(周公)의 인정은 빈객이 모두 창려(昌黎) 선비이다. 새 연꽃이 물에 솟아오르고 늘어진 버들이 난간에 닿으면 붉은 비단 날개 새들이 옥지(玉池)에 떴다 잠겼다 하고, 누른 부리 푸른 털 새들이 금 우리에게 지저귀도다. 진정(眞定)의 단 배나무를 옮겨오고 방릉(房陵)의 남색 오얏나무를 심은지라, 맞이하는 듯 취한 듯 뻗은 듯 기는 듯한 나무들은 두목(杜牧)의 동산에 무리를 지었고, 가는 듯 달리는 듯 움직이는 듯 엎드린 듯한 돌들은 기장(奇章)의 들판에 줄을 나란히 해, 마치 장춘오(藏春塢) 속으로 영접 받아 들어가고 자우정(自雨亭) 앞에 노는 듯하여라.

1백 근의 활을 당기니 장하도다 맹부(猛夫)의 씩씩한 팔 힘이요, 3천 글자의 붓을 휘두르니 아름답다 재자(才子)들의 화려한 문장일세. 빈 누각에 가을이 먼저 찾아들고 깊은 숲에 바람 소리가 절로 들려오면 높다란 용마루를 우러러 혼백을 가다듬고, 푸른 우물을 내려다보며 심신을 맑히는데 구름 머리에 옥 같은 얼굴의 여인들은 봄꽃과 고움을 다투고, 곤계 울음소리와 방불한 거문고 줄을 퉁길 때는 맑은 날의 우박 소리로 떠오른다. 인생은 즐겁게 지낼 것이거늘 이 아름다운 경치에 마시지 않고 무엇하랴.

나는 듣건대, 태백(太白)의 죽계(竹溪)는 헛되이 태평 시대의 숨은 늙은 이가 되어 버렸고, 배공(裴公)의 수사(水榭)는 잠깐 만년의 한가한 거처였을 뿐이라, 어찌 이 명교(名敎)의 장소에 또 소요(逍遙)의 즐거움이 있는 것만하랴. 공께서 퇴식(退食)함으로부터 호사자들이 따라 노는데 나는 다행히 좋은 이웃에 접해 여러 번 맑은 모임을 더럽혔으니, 오가는 들보의 제비는 비록 큰 집의 그늘을 의지하지만, 바다 새는 슬퍼하며, 한갓 큰 잔치의 음식만 허비하는 격이라, 한번 붓을 잡고 글을 쓰려 하다가도 너무나 이름난 동산을 욕되게 할까 염려했다. 오, 그러나 신기한 꽃과 이상한 풀들이 나의 마음을 곱게 그리고, 밝은 달과 맑은 바람이 나의 눈을 시원히 씻어주니, 사물도 사람을 이처럼 후대 하거늘 내가 여기에 시를 쓰지 않아서야 되겠는가.

만약 등왕각(滕王閣) 서문에 낙하(落霞)의 한 구절이 없었거나, 사공(謝公)에게 지당춘초(池塘春草)의 구절이 없었더라면, 푸른 산이 교제를 끊으려는 의논을 퍼뜨리고, 꽃다운 나무가 비웃는 얼굴을 나타낼 테라. 부질없이 한편의 시를 읊어 공손히 팔영(八詠)을 올리나이다.(한국고전종합DB, 고전번역서, 동국이상국집권2)

퇴식재 원림은 개성 남동쪽 근교에 있었다. 원림에는 대(臺)와 관(館), 샘[영천(靈泉)], 대나무와 모란, 창포 등이 있으며, 이규보는 가산(假山 - 인공으로 조성한 산 - 필자주)을 삼신산(三神山 - 봉래, 영주)에, 주인과 객의 모습을 은자(소부, 허유)에 각각 비유하고 있다. 따라서 퇴식재 원림은 선계(仙界)이며 기홍수는 은자(隱者)라 할 수 있다.

이규보는 원림에 갖추어진 경물들에 대해 "물품의 화려한 종류가 다 모였다"고 하여, 그 화려함을 부각시키고 있다. 또한 "땅이 용수령(龍首嶺)에 접했고 순미(鶉尾)[6]의 경계를 나눴다고 함으로서 풍수지리적인 측면에서 명당임을 강조하고 있다. 조물주도 찾아내지 못한 곳이라고 함으로써, 이곳을 찾아낸 기홍수의 인품과 지혜를 찬양하고 있다.

퇴식재 원림은 놀고 쉬는 유식(遊息)의 공간이자 수양의 공간이다. 산해진미와 좋은 술로 손님들과 기녀들의 노랫소리를 들으며 노는 곳이기 때문이다. "인생은 즐겁게 지낼 것이거늘 이 아름다운 경치에 마시지 않고 무엇 하랴!"는 유흥공간으로서의 원림의 특성을 극명하게 보여준다.

한편 집경시(集景詩)인 〈퇴식재팔영〉에서 선택된 경물들과 그것들이 환기하는 공간의 의미는 누정기의 그것과 다르다.

퇴식재(退食齋) - 나에게 재(齋)의 이름을 짓게 하였고,
그 나머지는 공이 이름을 지어 걸었다
(命予名齋 其餘皆公所榜).
酷着林泉妨廟算 임천에 너무 집착하면 나랏일에 방해가 되고
久纏簿領損天和 공무에 오래 얽매이면 원기(元氣)를 손상하네
惟公別占風流地 오직 공께서 따로 풍류지를 차지하니
朝退時時載酒過 조정일이 끝나면 때때로 술을 싣고 찾아오네

영천동(靈泉洞)
靈派來從石竇深 신령스런 물줄기 깊은 돌구멍에서 나와
一條落井碎球琳 한 줄기 우물에 떨어져 구슬처럼 부서지네
愛泉眞趣那輕說 샘을 사랑하는 참된 취미 어찌 가벼이 말하랴
賭得餘淸更洗心 남은 맑음을 빌어 와 다시 마음을 씻네

척서정(滌暑亭)
傍簷涼竹綠陰稠 처마 옆 서늘한 대밭엔 녹음이 짙고

---

6) 순미(鶉尾)는 28개의 방위 중 남동쪽을 가리킨다.

繞座寒泉爽氣浮 집 주변 찬 샘물엔 시원한 기운 떠있네
每到三庚金伏日 매번 삼복더위에 오면
此亭淸冷恰如秋 이 정자 맑고 서늘해 가을 같네

독락원(獨樂園)

一泉寒水呼隣吸 하나뿐인 샘의 찬물 이웃 불러 마시게 하고
이웃 사람들이 우물물을 길어가는 것을 허용하였다
(縱隣里入汲井).
滿榻淸風共客分 평상에 가득한 맑은 바람 손과 함께 나누지만
惟有名園靜中樂 오직 뛰어난 원림의 고요 속의 즐거움은
不曾容易使人聞 일찍이 사람들에게 쉽게 알리지 않네

연묵당(燕默堂)

一堂虛白映山明 텅 빈 연묵당에 밝은 산이 어려
隱几冥觀滌世情 안석에 기대 고요히 바라보며 세정을 씻네
谷鳥那能啼破寂 골짜기의 새소리가 어찌 고요함 깨뜨리랴
心空萬物本無聲 마음이 비면 만물도 본래부터 소리가 없나니

연의지(漣漪池)

碧水無端滿曲池 푸른 물이 끝없이 굽은 못을 채우고
新荷數朶漾漣漪 새로 핀 연꽃 몇 송이가 물결에 일렁이네
憑公莫憶江湖景 공께선 강호의 경치를 생각하지 마시고
看取鴛鴦得意時 원앙새가 마음대로 놀 때를 간취하소서

녹균헌(綠筠軒)

萬樹前頭似一般 모든 나무들 처음에는 같은 것 같지만
誰知歲暮獨凌寒 누가 알랴 세모(겨울)에 홀로 추위를 견딤을
請公用意勤封植 청컨대 공께서는 북돋우고 가꾸는 데 마음 쓰시어
莫作花前舊眼看 예전에 꽃을 보던 눈으로는 보지 마소서

대호석(大湖石)
揚歷鴛行四十年 벼슬살이 지내온 사십 년 동안
有時淸夢繞雲煙 때때로 맑은 꿈이 구름(강호)에 얽혔었네
從今莫起靑山想 이제부턴 청산(강호)을 생각지 마오
天遣荊廬落眼前 하늘이 형산(荊山)과 여산(廬山)을 눈앞에 내려
보냈으니

'퇴식재(退食齋)'에서는 강호[임천(林泉)]와 관직(簿領)을 조화롭게 겸비한 기홍수의 덕을 찬양하고 있다. '영천동(靈泉洞)'에서는 샘이 마음을 씻는 매개로 설정되어 있다는 점에서, '녹균헌(綠筠軒)'은 대나무의 절개를 이야기한다는 점에서, '독락원(獨樂園)'과 '연묵당(燕默堂)'은 고요히 명상을 취하며 심신을 수양하는 공간이라는 점에서 모두 이념적 공간이라 할 수 있다. '척서정(滌暑亭)'도 육체적 더위를 식히기 위한 휴식의 공간이지만, 시원한 대나무와 찬 샘물은 정신을 맑고 시원하게 한다는 점에서 수양의 공간이다. '연의지(漣漪池)'와 '대호석(大湖石)'에서는 세속과 멀리 떨어진 운연(雲煙)과 청산(靑山), 즉 강호자연을 대체할 수 있는 대상이며, 수양의 도구나 대상이라는 점에서 유가이념을 반영한다.7) 따라서 '퇴식재원림'은 유식의 공간이자 수양의 공간임을 알 수 있다. 이와 같은 공간위상의 이중성은 국가경영과 관물궁리(觀物窮理)를 통한 심성수양을 모두 중시했기 때문이다.

그런데 〈퇴식재팔영〉에 선택된 8가지의 경물들은 개별적으로 이념적 의미가 부여되어 독립적으로 존재할 뿐이다. 이는 "물품의 화

7) 어찌 명교(名敎)인 유교(儒敎) 닦는 이곳에 소요하는 즐거움이 있음만 같으랴. 〈기상서퇴식재팔영인〉.

려한 종류가 다 모였다"는 언급에서도 나타난다. 개별 경물들은 심미적 욕구나 이념적 욕구를 충족시켜주는 독립된 사물일 뿐, 유기적으로 연관된 하나의 세계를 만들어 내지 못한다.

〈기상서퇴식재팔영인〉에 제시된 초목과 조수도 개별적으로 독립된 이미지를 만들어낼 뿐이다. 새와 오얏나무, 숲, 돌 등은 모두 중국의 유명한 문인들의 풍류를 상기시키며, 이른 바, "물품의 화려한 종류가 다 모인" 것을 표현한 것이다.

이런 특성은 난파 이거인(蘭坡 李居仁 : ?~1402)의 정원을 노래한 〈난파사영(蘭坡四詠)-松 · 竹 · 梅 · 蘭〉이나 이색(李穡 : 1328~1396)의 〈원중잡영(園中雜詠)-松 · 栗 · 梨 · 杏 · 桃 · 楸〉, 이첨(李詹 : 1345~1405)의 〈팔계횡당사영(八溪黌堂四詠)-東麓長松 · 西軒叢竹 · 南樓秋月 · 北殿薰風 등에서도 나타나는 특징이다.

〈松〉[8]

孤松盆上種 외로운 소나무 화분에 심으니
老幹不曾長 늙은 가지 자라지 못하네.
葉自帶煙霧 잎은 스스로 안개빛을 띠고
枝多經雪霜 가지는 자주 눈서리를 겪네.
歲寒心有操 추위에는 마음에 지조를 품고
陰薄意猶涼 그늘은 엷어도 뜻은 오히려 시원하네.
君子求同氣 군자가 같은 기운 품으려한다면
宜令日在傍 매일 매일 곁에 두고 보아야 하리라.

---

8) 『양촌선생문집(陽村先生文集)』 권3.

〈杏〉[9]

杏花村裏雨新晴 살구꽃 핀 마을에 비가 막 개니
曾見香風洒耦耕 향기로운 바람이 밭두둑에 퍼지네.
老向紅塵苦回首 늙을수록 홍진은 돌아보기 괴로워라
幾看墻角數枝明 담장 위의 환한 가지 몇 번이나 보았던고.

첫 번째 작품은 양촌 권근의 〈이씨수부원중사영(李氏壽父園中四詠)〉 중 '송(松)'이며, 두 번째 작품은 목은 이색의 〈원중잡영〉 중 '행(杏)'이다. 권근의 '송'은 계절의 흐름에 아랑곳하지 않고 자신을 지키는 군자를 상징한다. 죽(竹)·매(梅)·난(蘭) 등도 모두 절개를 지키는 군자의 이미지로 형상화되어 있다. 한편 이색의 '행(杏)'은 홍진과 대비되는 탈속한 자연과 피은(避隱)의 공간을 표상한다. 이는 세파(戰塵)에 휘말리지 않는 무릉도원을 얻은 기쁨을 노래한 '도(桃)'에서 확인할 수 있다. '송(松)·율(栗)·이(梨)·추(楸)' 등도 모두 탈속한 은자의 표상이다. 즉 〈이씨수부원중사영〉과 〈원중잡영〉에 제시된 경물들은 개별적으로 군자나 은자를 표상하며, 원림의 경영자는 이것들을 개별적인 차원에서 심성수양의 매개로 삼은 것이다.

이처럼 고려중기의 원림문화는 저택의 담 안에 인공 원림을 조성하여 개별 경물에 이념적 의미를 부여한 후 수양의 대상으로 삼았다. 즉 개별 경물의 이념적 의미에 주목할 뿐, 경관요소들을 연관시켜 하나의 세계를 구성하지는 못한 것이다.

---

9) 목은집(牧隱集) 권9.

(2) 고려후기 - 산수원림의 확산

원림문화에서 다양한 경관요소들이 서로 연관되어 하나의 세계를 만들어내는 것은 누정을 중심으로 외부의 경관요소를 차경(借景)한 경우에서 나타난다. 〈퇴식재팔영〉과 〈난파사영〉은 담으로 둘러싸인 공간 내부에 존재하는 경물들을 노래하고 있다.

이와는 달리 익재(益齋) 이재현(李齊賢 : 1287~1367)의 〈화이명숙운금루사영(和李明叔雲錦樓四詠)〉과 목은(牧隱) 이색(李穡 : 1328~1396)의 〈한산팔영(韓山八詠)〉은 외부의 경치를 차경하였다.

운금루사영(雲錦樓四詠)

먼저 이재현의 〈운금루기〉를 보자.

> 〈운금루기(雲錦樓記)〉
>
> 올라가 볼 만한 산천의 경지는 반드시 모두 궁벽하고 거리가 먼 지방에만 있는 것이 아니라, 왕자(王者)의 도성이나 대중이 모인 도회지에도 본래 좋은 산천이 없는 것이 아니다. 명성을 노리는 사람은 조정에, 이익을 노리는 사람은 시장에 묻혀, 비록 형(衡) · 여(廬) · 호(湖) · 상(湘)이 굽어보고 쳐다볼 수 있는 가까운 거리에 널려 있어 장차 우연히 만나게 된다 하더라도, 그런 것이 있음을 알지 못하는 것이다. 왜냐하면, 사슴만 쫓느라 산을 보지 못하고, 돈만 움키느라 사람을 보지 못하고 아주 작은 것은 살피면서도 수레의 짐은 보지 못하니, 이는 마음에 쏠리는 일이 있어 눈이 다른 데를 볼 겨를이 없기 때문이다. 일을 좋아하는 세력 있는 사람들은 관(關)을 넘고 진(津)을 건너 터를 잡고는 산수놀이에 몰두하면서 스스로 고매한 체하지만, 강락(康樂)이 길을 내자 주민들이 놀랐고, 허사(許汜)가 집터를 묻자 호사(豪士)들이 꺼렸으니, 그러지 않는 것이 도리어 고매하다.
>
> 서울 남쪽에 너비가 1백 묘(畝)쯤 되는 못이 있는데, 살림하는 여염

집들이 빙 둘러 있어 즐비하고, 이거나 지고 타거나 걸어 그 옆으로 왕래하는 사람들이 앞뒤에 연락부절한다. 어찌 뛰어나게 그윽하고 훤칠하게 넓은 지역이 이 안에 있을 줄 알랴? 후(後) 지원[至元 원 순제(元順帝)의 연호] 정축년(충숙왕6, 1337) 여름 연꽃이 만발했을 때에 현복군(玄福君) 권후(權侯)가 보고는 사랑하여 바로 못 동쪽에 땅을 사서 누각을 세웠다. 높이는 두 길이나 되고, 연장(延長)은 세 발[丈]이나 되는데, 주추가 없이 기둥을 마련하였음은 썩지 않도록 한 것이요, 기와를 덮지 않고 띠로 이었음은 새지 않도록 한 것이었다. 서까래는 다듬지 않았지만 굵지도 않고 약하지도 않으며, 벽토는 단청(丹靑)하지 않았지만 화려하지도 않고 누추하지도 않아 대략 이러한데, 온 못의 연꽃을 모두 차지하고 있다.

이에 그의 아버지 길창공(吉昌公)과 형제 · 인아(姻婭)들을 초청하여 그 위에서 술을 마시며 화평하고 유쾌하게 놀아 하루 해가 지는데도 돌아갈 줄 몰랐는데, 대자(大字)를 잘 쓰는 아들이 있으므로 '운금(雲錦)' 두 자를 쓰도록 하여 누각 이름으로 걸었었다.

나는 한 번 가보니 향기로운 붉은 꽃과 푸른 잎의 그림자가 가없이 펼쳐져 이슬을 머금고 바람에 흔들리며, 연기 낀 파도에 일렁이어 소문이 헛되지 않다고 할 만했다. 어찌 그것뿐이랴? 푸르른 용산(龍山)의 여러 봉우리가 처마 앞에 몰렸는데 밝은 아침 어두운 저녁이면 매양 형상이 달라지며, 건너편 여염집들의 집자리 모양을 가만히 앉아서 볼 수 있으며, 지거나 이고 타거나 걸어 왕래하는 사람들 중의 달려가는 사람, 쉬는 사람, 돌아다보는 사람, 손짓해 부르는 사람과 친구를 만나자 서서 이야기하는 사람, 존장을 만나자 달려가 절하는 사람들이 또한 모두 모습을 감출 수 없어 바라보노라면 즐겁기 그지없다. 저쪽에서는 한갓 못이 있는 것만 보이고 누각이 있음은 알지 못하니, 또한 어찌 누각에 있는 사람을 알겠는가? 진실로 올라가 구경할 만한 경치가 반드시 궁벽하고 거리가 먼 지방에만 있는 것이 아닌데, 조정이나 시장에만 마음이 쏠리고 눈이 팔려 우연히 만나면서도 있는 줄을 알지 못한 것이며, 또한 하늘이 만들고 땅이 숨겨 경솔히 사람들에게 보이지 않는 것이 아니겠는가?

후(侯)는 허리에 만호후(萬戶侯)의 병부(兵符)를 띠고 외척(外戚)의 권세를 누리면서, 나이는 아직 옛날 강사(强仕)하던 나이(40세를 뜻함)가 채 못 되니, 부귀와 이록(利祿)에 빠져도 취하기 십상인데도 능히 인자(仁者)와 지자(智者)들이 좋아하던 바를 좋아하며, 주민들에게 놀라움을 주지도 않고 호사(豪士)들에게 꺼림을 받지도 않으면서, 갑자기 뛰어나게 그윽하고 훤칠하게 넓은 지역을 시장이나 조정에 있는 사람들의 마음과 눈이 미치지 못하는 곳에서 찾아내어 소유해서 어버이를 즐겁게 하고 손님에게까지 미치며, 자신을 즐겁게 하고 남에게까지 미치니, 이야말로 가상하다. 익재 거사(益齋居士) 아무는 기한다.
(이재현, 고전번역서, 『익재난고』 권6)

인용문에 의하면 운금루(雲錦樓)는 개성 남쪽 도시에 있던 누정이다. 개성 남쪽에 사방 100묘(畝: 15,430㎡)쯤 되는 못이 있는데, 1337년에 현복군(玄福君) 권후(權侯)라는 사람이 못 동쪽의 땅을 사서 그곳에 세운 누각이 운금루이다.

운금루 원림의 승경으로는 연못에서 물안개에 일렁이는 연꽃, 누 앞에 펼쳐진 용산(龍山)을 비롯한 산맥, 백성들의 모습 등을 꼽았다. 원림 경영자인 권후(權侯)에 대해서는 젊은 나이에도 이록(利祿)에 빠지지 않고 요산요수(樂山樂水)하는 군자적 면모와 백성들을 배려하는 애민의식, 올바른 처세, 자신의 즐거움을 다른 사람과 나눌 줄 아는 포용과 관용의 덕을 칭송하였다.

〈운금루기〉에 제시된 경관요소는 〈운금루사영〉과 동일하며, 시에서도 권후의 덕을 노래하였다.

〈화이명숙운금루사영(和李明叔雲錦樓四詠)〉

하주향월(荷洲香月-연못의 향기로운 달빛)
微波澹澹月溶溶 고요한 잔물결에 달빛이 일렁이고
十頃荷花一道風 십 경[10] 연꽃에 한줄기 바람이 이네
記得臨平山下宿 임평산 아래에서 잠든 기억 나는데
酒醒身在畫船中 술이 깨자 몸이 놀잇배 속에 있네

송학취운(松壑翠雲-송학의 푸른 구름)
一林黃葉遠無聲 노란 단풍 숲은 저 멀리 고요하고
萬壑蒼雲漲欲平 온 골짜기엔 푸른 구름이 자욱하게 퍼지네
捲上山頭吹不散 산꼭대기로 말려 올라 바람에도 흩어지지 않으니
料應晚雨未全晴 아마도 저녁비가 완전히 개지 않은 듯

어기만조(漁磯晚釣-낚시터에서의 저녁 낚시)
魚兒出沒弄微瀾 어린 고기 떼로 나와 잔물결을 희롱하는데
閑擲纖鉤柳影間 가는 낚시를 버드나무 그림자 사이로 한가로이 던지네
日暮欲歸衣半濕 날 저물어 돌아가려니 옷은 반쯤 젖었고
綠煙和雨暗前山 푸른 안개 비와 섞여 앞산을 어둡게 하네

산사조취(山舍朝炊-산골집의 아침밥 짓는 연기)
山下誰家遠似村 산 밑의 누구네 집 멀리 마을 같고
屋頭煙帶太平痕 지붕의 연기는 태평성대의 자취로다
時聞一犬吠籬落 때때로 개 짓는 소리 울타리에서 들리니
乞火有人來扣門 불 빌리는 사람이 와서 문을 두드리는 듯

(이재현, 고전번역서, 『익재난고』 권3)

10) 3만평.

'하주향월'에서는 연못에 배를 띄우고 술을 마시며 뱃놀이를 즐기는 모습을, '송학취운'에서는 멀리 소나무 숲에 비가 덜 개어 구름이 뿌연 모습을, '어기만조'에서는 낚시를 마치고 돌아가야 하는데도 물안개와 비에 어우러진 아름다운 풍경에 넋을 잃은 모습을, '산사조취'에서는 아침밥 짓는 연기가 피어오르는 산 밑 마을의 정경을 그리고 있다.

여기에서 주목되는 점은 네 수에 화자의 생활양태와 자연환경, 마을의 정경 등이 모두 포괄되어 있다는 점이다. 운금루 앞에 넓게 펼쳐진 연꽃 호수(荷洲)와 그 너머 용산(龍山)의 솔숲(松壑), 물가의 낚시터(漁磯), 산 아래 있는 마을풍경(山舍) 등 운금루에서 조망되는 경관 중 네 가지를 점경(點景)하여, 공간 전체의 이미지를 만들어내고 있다.

여기에서 특히 주목되는 작품은 '산사조취(山舍朝炊)'이다. '조취(朝炊)', '취연(炊煙)', '조연(朝煙)', '모연(暮煙)' 등은 모두 '(아침, 저녁) 밥 짓는 연기'로 백성들의 풍요로운 삶을 표상하는 문화코드이다. '개 짖는 소리(犬吠聲)' 또한 여러 집이 이웃해서 살고 있는 마을을 표상하는 문화코드로, 집들이 즐비하게 이어진 '연장접옥(連墻接屋)'과 더불어 인구의 많음을 의미하며 태평성대를 표상하는 대표적인 문화코드로 사용되었다.

운금루 주인의 이미지는 태평성대를 맞아 산수를 즐기는 군자의 모습이다. 따라서 〈화이명숙운금루사영〉에 제시된 공간은 백성들이 태평성대를 구가하고, 그것을 전제로 지배층이 자연을 즐길 수 있는 유자의 이상적인 공간이라 할 수 있다.

한산팔영(韓山八詠)

목은 이색의 〈한산팔영〉은 누정문학이 아니다. 하지만 자신의 세거지인 한산 주변의 아름다운 경치 8가지를 노래했으며, 차경(借景)을 통해 하나의 세계를 구축했다는 점에서 주목된다. 이 시의 제목은 〈우리 집이 있는 한산(韓山)은 비록 작은 고을이지만, 우리 부자(父子)가 중국의 과거에 급제하여, 천하가 모두 동국(東國)에 한산이 있음을 알게 되었다. 그런 즉, 훌륭한 경치를 가장(歌章)으로 전파하지 않을 수 없으므로 팔영(八詠)을 지었으니 아래와 같다〉[11]이며, 발문의 기록에 따라 〈한산팔영(韓山八詠)〉으로 불린다. 발문은 아래와 같다.

> 한산팔영(韓山八詠)을 소나무[松]로 시작한 것은 스스로를 책려한 것이고, 낚시질[釣]로 마친 것은 그 곧음을 생각한 것이다. 그 다음 일광(日光)은 동쪽에서 나와 원근(遠近)에 두루 미친 것이고, 그 다음 고석(孤石)은 그 바탕을 확고히 하여 그 고고함을 드러낸 것이며, 그 다음 회사(回寺)는 군(郡)의 기록을 중시한 것이다. 그 다음 원산(圓山)은 병사(兵事)를 엄하게 한 것이며, 그 다음 진포(鎭浦)는 백성의 이로움을 드러낸 것이고, 그 다음 압야(鴨野)는 백성들의 목숨(생업)을 세운 것이다. 가벼운 것에서 비롯하여 중대한 것으로 들어가고, 말단을 앞세우고 근본을 뒤로 한 것은 곧 진문(晉問)의 글이 당(唐)에서 마친 것을 본받은 것이니, 고을의 선사(善士)들은 거울로 삼기를 바라노라.[12]

---

11) 吾家韓山雖小邑 以予父子登科中國 天下皆知東國之有韓山也 則其勝覽不可不播之歌章 故作八詠云. 『牧隱詩稿』 卷之三.

12) 韓山八詠 始於松 自策礪也 終於釣 思其直也 次之日光 生於東而及於遠近也 次之孤石 確其質而表其介特也 次之回寺 重郡乘也 次之圓山 謹兵事也 次之鎭浦 示民利也 次之鴨野 立民命也 由輕入重 先末後本 倣晉問終於唐也 鄕之善士幸鑑焉.

1. 숭정 암송[崇井巖松-숭정사(崇井寺)의 암송][13]

峯頭蒼石聳 산봉우리엔 푸른 돌이 솟아 있고

松頂白雲連 소나무 끝엔 흰 구름이 걸렸네

羅漢堂寥闃 나한당은 고요한데

居僧雜敎禪 승려들은 교종 선종이 섞여있네

발문에 의하면 '숭정암송(崇井巖松)'은 "스스로를 책려(責勵)하기 위한 것"이라고 하였다. 바위틈의 소나무(巖松)는 꿋꿋한 군자를 상징하며, 선종(禪宗)과 교종(敎宗)이 섞여 있는데도 나한당(羅漢堂)이 고요한 것은 종파가 다름에도 불구하고 지향하는 목적(깨달음)은 같기 때문에 서로를 인정하고 포용하는 모습을 상징하는 것으로 보인다. 이는 고려말 온건개혁파와 급진개혁파의 갈등 속에서 개혁의 방법과 속도는 다르지만 국가를 위한다는 공통의 목표가 있기에 갈등하고 미워하기보다는 서로를 인정하고 힘을 모아야 함에도 이러저러한 이유로 이런 원칙을 지키지 못하는 정치인들과 자신을 질책하며 국가의 안위를 위해 노력해야 함을 이야기한 것이라 할 수 있다.

2. 일광 석벽[日光石壁-일광사(日光寺)의 석벽]

崔嵬插平野 가장 높게 평야에 꽂혀

縹緲俯長天 먼 하늘을 아득히 굽어보네

翠壁僧窓小 푸른 석벽의 승창은 작고

佛燈空半懸 불등은 반공에 걸렸네

13) 일광사(日光寺) 취봉산(鷲峯山)에 있다. 숭정사(崇井寺) 기린산(麒麟山)에 있다. 고석사(孤石寺) 월명산(月明山)에 있다. 회사(回寺) 건지산(乾至山) 북쪽에 있다. 고전번역원, 『신증동국여지승람』 제17권, 충청도(忠淸道) 한산군(韓山郡).

'일광석벽(日光石壁)'에서 "일광(日光)은 "동쪽에서 나와 원근에 두루 미친 것"이라고 하였다. 승방의 작은 창문과 공중에 걸린 불등은 구도(求道)를 향한 작은 시작이며, 이 작은 빛으로부터 도의 완성(日光)에 도달할 수 있는 것이다. 불교에서 동쪽은 불도를 깨닫지 못한 일반사람들이 사는 세상[사바세계(娑婆世界)]이며, 서쪽은 부처님의 나라(佛國土)를 의미한다. 이런 점에서 속인(俗人-東)들의 구도를 향한 작은 불꽃은 온 세상을 밝힐 깨달음(日光)의 근원이 되는 것이다. 이는 모든 학문에 동일하게 적용된다.

3. 고석심동[孤石深洞-고석사(孤石寺)의 깊은 골짜기]
平野行將盡 평평한 들판이 끝나는 곳
回峯望更高 회봉은 볼수록 더욱 높구나
一區幽僻處 한 구석 그윽하고 치우친 곳
梵刹本來孤 절간은 본래부터 외롭도다

'고석심동(孤石深洞)'은 "바탕을 확고히 하여 그 고고함을 드러낸 것"이라고 하였다. 고석(孤石-回峯)과 절집(梵刹-孤石寺)은 궁벽한 곳(들판의 끝, 골짜기)에 있지만, 넓은 들판과 높은 산이라는 확고한 바탕에 뿌리를 두고 있기 때문에 고고함을 유지하는 것이다. 이는 어떤 처지에 있든 유가이념이라는 바탕에 충실할 때 자신의 정체성을 잃지 않음을 이야기한 것이라 할 수 있다.

4. 회사고봉[回寺高峯-회사(回寺)의 높은 봉우리]
後嶺如三角 뒤 고개는 삼각산 같고
前峯入半空 앞 봉우리는 반공에 들어왔네
行舟垂鐵碇 가던 배가 쇠닻을 내렸으니
遮莫有狂風 광풍에도 아랑곳하지 않네

'회사고봉(回寺高峯)'은 "군(郡)의 기록을 중시한 것"일라고 하였는데, 이는 웅진(熊津)의 풍수지리적 특성을 이야기한 것으로 보인다. 풍수지리에서 주산(북쪽-뒷산)은 반듯하게 뒤에서 포용하는 것이 좋고, 안산(남쪽-앞산)은 앞으로 절하듯 숙인 형상이 좋다고 한다. 뒷산(後嶺)은 한양의 주산인 삼각산 같고, 앞산(前峯)은 이상적인 안산의 모습인 앞으로 들어온 형상이다. 전구(轉句)는 웅진의 풍수지리적 특징인 닻을 내린 행주형(行舟型)을 말한 것이다. 닻을 내린 행주형은 재물이 모여드는 형상이며, 산과 바다로 막힌 천혜의 자연지리적 조건을 갖추었기에 국내외적 혼란(狂風)에도 영향을 받지 않았다고 한 것이다. 즉 웅진지역의 풍요로운 자연과 천혜의 요새(要塞)로서의 장점을 이야기한 작품이라 할 수 있다.

5. 원산 수고(圓山戍鼓-원산의 수자리 북소리)
海嶠傳烽火 바닷가 산에서는 봉화를 전하고
閭閻壓浪波 여염집은 파도를 누르고 있네
百年無事地 백 년 동안 무사한 땅에
戍鼓夕陽多 수자리 북소리가 석양에 잦도다

'원산수고(圓山戍鼓)'는 "병사(兵事)를 엄하게 한 것"이라고 하였다. 〈회사고봉〉에서 표현된 바, 수백 년 동안 무사했던 한산(韓山)에 적의 침입을 알리는 봉화와 수자리의 북소리가 끊임없이 이어지는 상황, 거센 파도 앞에 위태롭게 자리 잡은 여염집을 통해 몽고와 왜구의 침입 등으로 위태로웠던 고려 말의 역사적 상황에서 국방의 중요성을 강조한 작품이라 할 수 있다. 이는 태평성대의 중요한 전제조건이 국방에 있음을 의미한다.

6. 진포귀범(鎭浦歸帆-진포로 돌아오는 배)
細雨桃花浪 가랑비에 복사꽃 물결이요
淸霜蘆葉秋 맑은 서리에 갈댓잎 가을이네
歸帆何處落 돌아오는 배 어디에 돛을 내릴까
渺渺一扁舟 아득히 떠 있는 한 조각배

'진포귀범(鎭浦歸帆)'은 "백성의 이로움을 드러낸 것"이라고 하였다. 〈소상팔경도〉의 '원포귀범(遠浦歸帆)'14)과 같은 아름다운 풍경을 연상시킨다. 복사꽃과 갈대잎이 환기하는 선경의 이미지와 뱃일을 마치고 돌아오는 돛단배의 모습을 통해 생업에 힘쓰는 백성들의 모습을 아름답게 그리고 있음을 알 수 있다.

7. 압야권농(鴨野勸農-압야의 농사 권면)
川原平似砥 내와 벌판 숫돌처럼 평평하고
禾稼浩如雲 벼이삭은 구름처럼 넓고 넓도다
太守催星駕 태수는 새벽 수레를 재촉하며
巡田欲夕曛 땅거미가 지도록 들판을 도네

'압야권농(鴨野勸農)'은 "백성들의 목숨(생업)을 세우는 것"이라고 하였다. 넓고 평평한 들판에 구름처럼 펼쳐진 벼이삭, 새벽부터 저물녘까지 추수를 독려하는 고을 원(太守)의 모습은 태평성대의 가장 대표적인 형상이라 할 수 있다. 이 작품의 창작 목적 중 하나가 관원들에 대한 경계에 있다는 점에서 태평성대는 백성들의 먹고사는 문제를 해결하는 데 있으며, 그것은 목민관의 노력에 의해 가능함

---

14) 이색의 〈동오팔영(東吳八詠)〉은 중국 소동파 문집에 실려 있는 그림과 제화시를 보고 지은 시로, 소상팔경도와 더불어 그림을 보고 지은 제화시가 조선시대까지 왕성하게 유행하였다.

을 이야기한 것이라 할 수 있다.

8. 웅진 관조(熊津觀釣-웅진의 낚시질 구경)
馬邑山橫障 마읍(웅진)의 산은 가로 막았고
熊津水染苔 웅진의 물은 이끼 빛으로 물들었네
釣絲風裏裊 낚싯줄은 바람에 간들거리고
恰得月明回 달이 휘영청 밝자 돌아가네

'웅진관조(熊津觀釣)'는 "곧음을 생각한 것"이라고 하였다. 낚시질과 곧음이 어떤 관계가 있을까? 낚시는 일반적으로 자신을 알아 줄 군주를 기다리는 강태공의 낚시를 의미한다. 산과 바다로 둘러싸여 사방이 막힌 곰나루(熊津)에서 낚싯줄을 드리우며 세월을 낚다가 달이 떠오르자 돌아가는 낚시꾼의 모습에서 자연의 순리에 자신을 맡기고 세월을 기다리는 군자의 모습을 본 것이며, 이것이 사대부가 취해야 할 올바른 삶의 태도, 즉 '곧음'임을 이야기한 것이라 할 수 있다.

이상에서 살펴본 바, 〈한산팔영〉은 대의를 위한 책려(숭정암송)로 시작하여, 군자의 곧은 삶을 지향하는 '웅진조어'로 마무리된다. 그 중간의 '일광석벽'과 '고석심동'은 유자(儒者)가 견지해야할 올바른 삶의 태도를 노래하였다. '회사고봉'과 '원산수고'는 천혜의 지리적 조건과 국방에 대한 경계를 노래하였는데, 이는 태평성대의 기반이 된다는 점에서 백성들의 풍요로운 삶과 목민관의 노력을 통해 구현되는 태평성대를 노래한 '진포귀범' 및 '압야권농'과 이어진다.

〈한산팔영〉이 지향하는 바는 태평성대의 구현에 있다. 하지만 자신에 대한 책려(숭정암송)로 시작하여 곧음(웅진조어)으로 마무리하였다는 점에서 태평성대 구현의 핵심은 지배층의 노력과 이념적

견고성에 있음을 강조한 작품이라 할 수 있다. 이는 "고을의 선사(善士-고을 원과 지배층)들은 거울로 삼기를 바라노라"라는 발문을 통해서도 확인할 수 있다.

이상에서 살펴본 바, 고려 말에는 개별적인 경관요소에 유가적 이념을 부여하는 단계를 넘어 경관요소의 유기적 연결을 통해 유가적 이상세계라는 하나의 세계를 구축하게 된다. 이 시기에 원림을 통해 구축된 세계는 조선시대로 이어진다.

(3) 조선초기 – 누정 문화의 보편화

조선시대에는 성리학이 발달하면서 자연이 사대부 문화의 중심으로 자리를 잡게 된다. 성리학에서 자연은 완상의 대상일 뿐만 아니라 물아일체(物我一體)의 대상이었으며, 누정은 완상의 공간이자 수양의 공간이었다. 성리학은 '성(性)'과 '리(理)', 즉 인간의 '본성(本性)'과 그것이 발현되는 '원리(原理)'를 탐구하는 학문이었다. 때문에 성리학을 달리 '심학(心學)'이라고도 한다. 유학의 관점에서 볼 때, 인간은 선하고 순정하게 태어나지만, 부귀공명에 대한 욕망으로 인해 본성을 점점 잃어버리게 된다.

본성을 회복하기 위해서는 본성 그 자체를 확인할 수 있는 모범, 즉 세속적 욕망에 더렵혀지지 않은 순수성을 간직한 대상이 필요했다. 그것이 바로 '스스로 그러한' 자연(自然)이었다. 물은 항상 높은 곳에서 낮은 곳으로 흐르고, 주야와 사시가 어김없이 순환한다는 점에서 자연은 영원하고 순정한 이법(理法)의 지배를 받는 존재, 즉 '성리학적 도(道)의 구현체(具現體)'였다. 일체의 세속적 욕망에서 벗어나 하늘이 부여한 본성을 회복하는 것이 수기(修己)의 완성이며, 그 방법은 자연과 동일한 상태가 되는 것, 즉 물아일체(物我一體)를 이루는 것이었다.

본성을 회복한다는 것은 유학자로서의 도덕적 자아를 완성하는 것이며, 그래야만 우매한 백성들을 올바른 길로 이끌 수 있는 자격이 생긴다. 이런 사람을 군자(君子)라고 하며, 사리사욕을 위해 권력을 추구하는 사람을 소인(小人)이라고 한다.

조선시대 사대부의 존재의의는 치인(治人)에 있다. 임금의 덕(德)을 백성들에게 전달하는 것이 그들의 직분이었다. 이념적인 측면에서 치인의 자격은 오로지 군자에게만 있었기 때문에 수기(修己)를 통해 물아일체(物我一體)를 이룸으로서 본성을 회복하여 도덕적 자아를 완성하는 일, 즉 수기에 힘쓰는 것이 무엇보다 중요했다. 이 점에서 물아일체를 지향하는 수기는 치인의 전제조건이 된다.

조선전기에 누정과 차경을 통한 산수원림이 폭발적으로 확산될 수 있었던 것은 관직에 나아가기 전이나 관직에서 물러났을 때 수기에 힘쓰는 것이 사대부가 견지해야 할 올바른 삶의 자세라는 성리학적 사유가 지배층 내부에서 확고하게 자리를 잡았기 때문이다. 때문에 이 시기에 조성된 정자는 공통적으로 성리학적 수기에 힘쓰는 이상적인 유자의 삶과 그들이 꿈꿨던 유가적 이상 세계를 표상한 경우가 대부분이다.

2. 누정의 종류와 의미

누정(樓亭)은 누각(樓閣)과 정자(亭子)를 아울러 일컫는 말이다. 누각과 정자는 기둥 위에 지붕만을 얹은 단순한 형태로 주거(住居)나 행정집행 목적의 주 건축물이 아닌 풍류나 교유, 심성수양 등을 목적으로 지어진 부속 건축물이다.

이런 목적으로 지어진 건축물은 일반적인 누정뿐만 아니라 살림집의 형태로도 지어졌다. 또한 기둥과 지붕, 누마루로 구성된 동일한 형태의 건축물이라도 아래 제시한 바와 같이 '○○樓', '○○亭', '○○閣', '○○臺', '○○齋', '○○堂', '○○軒' 등과 같이 마지막 글자가 다른데, 이는 건축물이 지향하는 바가 다르기 때문이다.

루(樓) : 광한루(廣寒樓), 죽서루(竹西樓), 촉석루(矗石樓) 등
정(亭) : 면앙정(俛仰亭), 식영정(息影亭), 애한정(愛閑亭) 등
각(閣) : 광풍각(光風閣), 기린각(麒麟閣), 장서각(藏書閣) 등
대(臺) : 의상대(義湘臺), 해운대(海雲臺), 경포대(鏡浦臺) 등
재(齋) : 탁청재(濯淸齋), 낙선재(樂善齋), 양몽재(養蒙齋) 등
당(堂) : 제월당(霽月堂), 양진당(養眞堂), 부용당(芙蓉堂) 등
헌(軒) : 관란헌(觀瀾軒), 오죽헌(烏竹軒), 세심헌(洗心軒) 등

이 중 재(齋)·당(堂)·헌(軒) 등은 누정 형식으로 지어진 것도 있지만 일반적인 살림집의 형태로 지어진 경우가 더 많고, 경우에 따라 집 전체의 이름[택호(宅號)]으로 사용되는 경우도 있다. 또한 대

(臺)는 경포대(鏡浦臺)와 같이 건축물이 있는 경우도 있고, 해운대(海雲臺)처럼 건축물이 없는 경우도 있다.

루(樓)

남원 광한루

루(樓)는 2층 이상의 다층건물을 말한다. 하늘에 닿을 듯한 높은 빌딩 숲을 마천루(摩天樓)라고 부르는 것은 이 때문이다. 루는 2층 이상의 화려한 건물이었기 때문에 대개 그만한 재원을 마련할 수 있는 궁궐이나 관청, 사찰 등 공공기관에 의해 지어졌다.

루는 본래 도가(道家)에서 신선이 사는 곳, 즉 선계(仙界)를 상징하는 건물이었다. 그러다가 조선시대에 들어와 관(官)에서 유교적 치화(治化), 즉 태평성대의 상징으로 루를 지었다.

선계(仙界)를 상징하던 루가 태평성대의 상징이 된 것은 신선이 육체적 정신적 고통이 없는 이상적인 존재로 인식되었으며, 선계 또한 이상향을 의미하였기 때문이었던 것으로 보인다. 루는 태평성대를 상징하기 때문에 좋은 일이 있을 때 경사(慶事)를 축하하는 공간으로 사용된다는 점에서 연회와 놀이의 공간이라 할 수 있다.

각(閣)

담양 소쇄원(瀟灑園) 광풍각(光風閣)

각(閣)의 의미는 다양하다. 가장 일반적으로는 존귀한 인물이 거처하거나 존경할 만한 인물을 기념하기 위해 지은 건물을 의미한다. 예전에 대통령을 각하(閣下)라고 부르도록 했던 것도 대통령이 국민들과 계급적으로 구별되는 존귀한 존재라는 의미를 담고 있는 것이다. 각(閣)이 궁궐(宮闕) 또는 임금이 평상시에 거처하는 편전(便殿)을 의미하거나 집안에서 조상의 위패를 모셔놓은 곳을 제각(祭閣)이라고 부르는 것도 같은 의미이다.

앞서 예시한 각(閣) 중 기린각(麒麟閣)에는 존숭할만한 인물들의 초상을 걸어 놓았으며, 광풍각(光風閣)은 성리학적 우주자연의 섭리, 장서각(藏書閣)은 성현의 진리를 담은 책, 향원각(香遠閣)은 군자의 향기 등 존숭해야할 유학의 가치를 상징하는 용어들이라는 점에서 '각(閣)'이라는 명칭이 사용된 것으로 보인다.

정(亭)

경북 울진 망양정(望洋亭)

정(亭)은 평지에 기둥을 세우고 지붕을 얹은 간단한 건물을 말한다. 정(亭)은 '머문다'는 의미의 정(停)과 통용되었던 글자이다. 즉 본래의 의미는 잠시 머물러 쉬는 곳이라 할 수 있다. 관동팔경 중 월송정(越松亭), 망양정(望洋亭) 등은 나그네를 위한 정자로 잠시 쉬어가는 공간이라 할 수 있다.

하지만 담양의 면앙정(俛仰亭)처럼 조선시대 호남지역에서는 정자 안에 방을 꾸민 예가 많다. 정자는 본래 여름용이지만, 호남지역은 겨울에도 따뜻한 편이기 때문에 겨울에도 정자를 사용할 목적으로 방을 꾸민 것으로, 기존의 정자를 변형한 것이라 할 수 있다. 때문에 호남의 개인 정자들은 사랑채 구실도 하였다.

당(堂)과 헌(軒)

전남 담양 소쇄원 제월당(霽月堂)

당(堂)은 마당(廷)이 있는 건물로 일상적인 거주를 위한 공간이다. 당은 담 안에 배치된 여러 채의 건축물 중 중심 건물로, 보통 흙을 돋우어 기단을 쌓고 짓기 때문에 높고 크다는 의미도 있다. 보통 집 전체를 대표하는 건물이기 때문에 옛 사람들의 호(號)나 택호(宅號)에 많이 쓰였다.

당호로 많이 쓰인 백인당(百忍堂)은 9대가 화목하게 살았던 당나라 장공예(張公藝)의 당호를 가져와 가정의 화목을 지향하는 뜻을 담고 있으며, 모하당(慕夏堂)은 임진왜란 때 일본군으로 참전했다가 조선에 귀화한 김충선(金忠善)의 호로, 문명국(夏, 中華)인 조선을 사모한다는 의미를 담고 있다.

당(堂)이 개인의 호로 사용된 예는 유명한 율곡 이이의 어머니 신씨(申氏)의 사임당(師任堂)이 있다. 중국의 성군(聖君) 주(周)나라 문왕(文王)의 어머니인 태임(太任)을 스승으로 본받겠다는 의미를 담고 있다.

전남 담양 명옥헌(鳴玉軒)

헌(軒)은 '처마'라는 뜻이며, 본래 고관대작이 타던 수레(車)의 바람막이(干)에서 나온 말로, 고관대작의 수레를 의미하기도 했다. 따라서 헌은 처마가 높은 큰 집을 의미한다. 관청의 중심 공간을 동헌(東軒)이라고 부르는 것도 이 때문이다.

재(齋)

함양 정여창 고택 탁청재(濯淸齋)

재(齋)는 '삼가다', '엄숙하다', '심신을 깨끗이 하다'의 뜻을 가진 말로, 건물 이름을 재(齋)로 지으면, 엄숙한 태도로 심신을 수양하고 행동거지를 조심하여 예(禮)에 어긋남이 없도록 한다는 의미를 갖는다. 조선시대 사람들에게 이러한 태도는 곧 성현의 가르침을 배우고 실천에 옮기는 행위, 즉 학문(學問)하는 것을 의미한다.

이런 점에서 재(齋)는 성현의 가르침을 배우고 실천하기 위해 노력하는 공간, 즉 서재(書齋)를 의미한다. 옛 사람들이 자신의 집에 재(齋)를 짓거나 집이름(택호 : 宅號)을 ○○재(齋)로 명명했다면, 그는 자신의 집에 위와 같은 의미를 부여한 것이라 할 수 있다.

함양 정여창(鄭汝昌, 1450~1504) 고택의 탁청재(濯淸齋)에서 '탁청(濯淸)'은 초(楚)나라 굴원(屈原, BC 343경)의 〈어부사(漁父詞)〉

에 나오는 어부의 창랑곡(滄浪曲 - 창랑의 물이 맑으면 내 갓끈을 씻을 수 있고, 창랑의 물이 흐리면 내 발을 씻을 수 있다네(滄浪之水淸兮 可以濯我纓 滄浪之水濁兮 可以濯我足)에서 가져온 말로, 도(道)에 맞춰 벼슬에 나아가거나 나아가지 않는 것, 즉 사대부의 올바른 출처(出處)를 의미하는 말이다.

경복궁의 낙선재(樂善齋)는 조선시대 궁궐 도서관으로, 착함(善)을 즐기는(樂) 서재(書齋)라는 의미이다. 종신토록 마음의 밭을 가는 노가재(老稼齋)나 어린아이(蒙)를 가르쳐 길러내는(養) 양몽재(養蒙齋)도 같은 의미라 할 수 있다.

재(齋)는 그 의미로 인해 옛 사람들의 호에 가장 많이 사용되었다. 『한국인명자호사전(韓國人名字號事典)』에는 겸손과 공경을 의미하는 겸재(謙齋)와 경제(敬齋)를 호로 사용한 인물만도 40여 명이 넘으며, 세상살이에 약삭빠르지 못하고 어눌하다는 의미의 '눌재(訥齋)'도 16명에 이른다.

대(臺)

양양 낙산사 의상대(義湘臺)

한자자전을 찾아보면 대(臺)는 '돈대(墩臺)'라고 되어 있다. 돈대란 성곽의 가장 높은 곳으로, 성에서 가장 멀고 가장 넓게 주변을 살필 수 있는 자리이다. 즉 대(臺)는 건물의 이름이 아니라 멀리 조망할 수 있는 평평한 곳(위치)을 의미하는 말이다. 낙산사(洛山寺)의 의상대(義湘臺)와 강릉 경포대(鏡浦臺) 등은 위치의 이름을 건물의 이름으로 사용한 것이라 할 수 있다. 부산의 해운대(海雲臺)나 안동 도산서원(陶山書院)의 운영천광대(雲影天光臺)는 멀리 조망할 수 있는 평평한 자리 자체가 대(臺)인 것이다.

이처럼 고건축물의 이름 중 마지막 글자는 건물의 용도나 주인이 지향하는 삶의 태도 또는 의도를 표현한 것이다.

3. 태평성대의 상징 - 관영(官營) 루(樓)

김은미는 "조선초기 누정기는 목민관의 누정 연유(燕遊)를 백성들의 폐해를 다스리고 백성의 복리를 흥기시키는 치화(治化)와 연계하였다"[15]고 하였다. 즉 루-특히 관에서 조성한 루-를 치화(治化)의 상징으로 본 것이다. 다음 하륜(河崙: 1347~1416)의 〈촉석루기(矗石樓記)〉는 누정의 이와 같은 특성을 잘 대변하고 있다.

> 누관(樓觀)을 경영하는 것은 정치하는 자의 여사(餘事)이긴 하나 그 ① 흥하고 폐하는 것으로써 인심(人心)과 세도(世道)를 짐작할 수 있다. 세도는 오르내림이 있는 까닭에 인심의 슬픔과 즐거움이 한결같지 아니하고, 누관이 흥하고 폐하는 것도 그에 따르게 된다. 그렇다면 누관 하나가 폐하고

15) 김은미, 「朝鮮初期 樓亭記의 硏究」(이화여대박사논문 1990), 100면.
김은미는 『동문선』에 수록된 누정기를 대상으로 누정기에 나타난 자연관의 변화를 신라말기부터 조선초기까지 시기별로 논의하였다. 신라말기부터 "누정에서 바라보는 광활한 전망을 통해 한 지역의 승경을 끌어 들여 점거하는 취승(聚勝)의 면세(面勢)에 대한 인식이 소략하게 나타나"며 고려중기에는 주역(周易)에 대한 관심의 증대로 천지만물의 이치에 관심을 갖게 되었는데, 이 시기에는 "우주의 보편적 질서인 천지지도(天地之道)보다는 개별 대상체의 본성인 만물지정(萬物之情)"에 많은 관심을 기울이고 있었다고 하였다. 그로 인해 "천지만물의 물상을 일거에 수습하는 취승의 경지가 활발하게 도입되었다"고하였다. 그리고 "고려말기의 누정기는 물상(物象)을 수습하는 취승(聚勝)의 개념을 관물궁리(觀物窮理)와 낙도(樂道)와 천지만물(天地萬物)의 치화(治化)로 점진적으로 확장"하고 취승(聚勝)의 유관(遊觀)이 누정기의 서술구조로 확립되었다고 하였다. 이와 같이 조선초기에 확립된 취승의 유관은 "조선초기 누정기에서 이상적인 누정 연유(燕遊)의 귀감으로 정착되고 있다"고 하였다 김은미, 앞의 논문, 104-132면.

흥하는 것으로써 한 고을의 인심을 알 수 있고, 한 고을의 인심으로써 한때의 세도를 알 수 있는 것이니, 어찌 여사로만 돌리고 작게 여길 수 있겠는가. 나는 이런 말을 한 적이 오래되었는데, 지금 우리 고을 촉석루를 보고 더욱 믿어진다.

누는 용두사(龍頭寺) 남쪽 석벽 위에 있는데, 나는 옛날 소년 시절에 여러 번 올라가 보았다. 누의 규모는 우람하고 넓어 내려다보면 까마득하고, 그 밑으로는 긴 강이 흐르며 여러 봉우리는 밖으로 벌여서 있다. ② 여염의 상마(桑麻)와 누대의 화목(花木)이 그 사이로 은은히 비치며, 푸른 바위, 붉은 벼랑, 긴 개울, 비옥한 땅이 그 곁에 이어져 있다. 인기(人氣)는 맑고 풍속은 후하며 노인들은 편안하고 젊은 자는 순종하며, 농사짓는 농부나 누에치는 아낙네는 제 임무에 부지런하고, 효성스러운 자식과 사랑스러운 손자는 제 힘을 다하여 봉양하고, 방아타령은 마을을 연하고 뱃노래는 어촌을 누비며, 온갖 새는 무성한 숲속에서 우짖고 고기떼는 그물에 걸릴 위험이 없으니, 한 구역의 물건들이 모두 제 자리를 얻은 것을 볼 수 있다. 더구나 화사한 꽃, 시원한 그늘, 맑은 바람, 밝은 달이 때 맞추어 이르고, 소장영허(消長盈虛)와 회명음청(晦明陰晴)의 변화가 서로 바뀌어 끊이지 않으니 즐거움이 또한 무궁하다.

그 누의 명칭에 대해서는 담암(淡庵) 백선생(白先生)의 기문이 있는데, 그 대략에 이르기를, "강 가운데 돌이 삐죽삐죽 나온 것이 있어서 누를 짓고 이름을 촉석(矗石)이라 했다. 김공의 손으로 시작되고 안상헌(安常軒)이 다시 지었는데 모두 장원급제한 이들이다. 그래서 겸하여 이름한 것이다."하였다. 누에 대한 시(詩)의 걸작으로는 면재(勉齋) 정 선생의 배율(排律) 육운(六韻)과 상헌(常軒) 안 선생의 장구(長句) 4운(韻)이 있고, 또한 운은(耘隱) 설(偰) 선생의 육절구(六絶句)가 있으며, 그 운(韻)을 화답하여 속작(續作)한 이는 이를테면 급암(及庵) 민 선생, 우곡(愚谷) 정(鄭) 선생, 이재(彛齋) 허 선생이 있는데 모두 가작이니, 선배의 풍류와 문채를 이것으로 인하여 상상할 수 있다.

③ 불행히도 전조의 말엽에 온갖 제도가 황폐하고 변방의 경비 역시 해이하여 바다 도적이 깊이 들어오고 백성은 도탄(塗炭)에 빠지니, 누도 또한 불타버리고 말았다. ④ 하늘이 우리나라를 열어 성신(聖神)이 서로 계승하여 치교(治敎)가 밝아지고 은혜가 국내에 젖고 위엄이 해외에 떨치니, 전일에 침략하던 자들이 문을 두드리고 항복을 빌며 줄지어 보물을 바치고, 바닷가의 토지도 날로 개척되어 인구가 다시 주밀하게 되니, 홀아비와 홀어미들은 웃음을 짓고 노인들은 술을 권하며 서로 치하하여 말하기를, "요즈음 같은 태평세상을 눈으로 보게 되리라고는 생각조차 못했다."한다. 그러나 임금의 마음에는 오히려 내 다스림이 흡족하지 못하다 여기시고, 매양 교서(敎書)를 내리어 민력(民力)을 사용하는 것을 금지하시니, 수령도 농상(農桑)이나 학교에 관계되는 일을 제외하고는 한 가지 역사도 감히 자의로 일으키지 못하게 되었다.

고을의 부로(父老) 전판사(前判事) 강순(姜順)과 전사간(前司諫) 최복린(崔卜麟) 등이 여러 노인들과 같이 의논하기를, "용두사(龍頭寺)는 읍을 창설하던 초기부터 땅을 살피던 곳으로, 촉석루를 설치하여 한 지방의 승경이 되었다. 옛사람이 그로써 사신과 빈객의 마음을 유쾌하게 하여 화기(和氣)를 불렀고 그 혜택이 고을 백성에게 미쳤던 것인데, 폐한 지가 이미 오래되었으나 능히 중수하지 못하고 있으니, 이는 우리 고장 사람의 공동 책임이다."하였다. 이에 각각 재물을 거출하여 용두사에서 전향(典香)하고 있는 중 단영(端永)이란 자를 시켜서 그 일을 담당하게 하는 동시에, 내가 이 일들을 임금께 아뢰니 금단하지 말라는 분부가 내리게 되었다. 임진년 12월에 판목사(判牧事) 권충(權衷)공이 부임하여 판관 박시혈(朴施絜)과 같이 여러 어른들의 말을 채택해서 이듬해 봄 2월에 강의 제방을 수축하는데, 백성을 나누어 대오(隊伍)를 만들고 한 대오가 각기 한 무더기씩 쌓게 하여 논밭과 마을에 대한 여러 해의 근심을 제거하게 하니 열흘이 못 가서 끝을 냈다. 나아가서 자급(自給)을 못하는 자를 도와주고, 놀고먹는 자 수십 명을 소집하여 부지런히 서두르게 하여 9월에 이르러 완성을 보았는데, 단정한 집이 새로 나타나니 뛰어난 경치는 예와 같았다. 지금 판목사 유담(柳淡)공과 판관 양시권(梁施權)이 후임으로 와서 단청을 하고 또 관람과 아울러 농사에 물 대줄 것을 계획하여 수차(水車)를 만들고 둑을 쌓아서 백성의 이익을 일으켜 주었다. 어른들은 그 모든 것을 갖추어 나에게 청하기를, "강의 제방을 쌓고 촉석루를 짓게 한 것은 모두 그대의 지시였고, 누대가 이루어진 날 이제 특별 유시를 받았으니, 한 고을의 영예가 지극하다. 여러 군자의 백성을 위한 염려도 또한 근실하다 이를 만하니, 기문을 만들어서 영원한 세대에 보여주도록 하지 않으려는가." 하므로, 나는 말하기를, "이는 모두 어른들의 지원으로 된 것이지 내가 무슨 공이 있으리오." 하였다. 그러나 이미 인심과 세도로써 기쁨을 삼고 또 어른들의 뜻에 느낀 바 있어 전후에 듣고 본 것을 삼가 적는 바이다. 또 다시 생각건대, ⑤ 이 누에 오르는 자는 개울가의 풀이 싹트는 것을 보고 천지의 물(物)을 생(生)하는 마음을 알아서 어질지 못한 참혹한 것으로써 털끝만큼이라도 백성을 해롭게 하지 말 것을 생각하며, 밭곡식이 바야흐로 자라나는 것을 보고 천지의 물을 가꾸는 마음을 생각하여 급하지 않은 일로써 백성의 농사 때를 조금이라도 빼앗지 말 것을 생각하며, 과수원의 과일이 열매를 맺는 것을 보고 천지의 물을 성숙하게 하는 마음을 깨달아 불의의 욕심으로써 백성의 이익을 조금도 침해하지 말 것을 생각하고, 마당에 노적이 쌓인 것을 보고 천지의 물을 기르는 마음을 알아서 법이 아닌 부세로써 백성의 재물을 털끝만큼도 약탈하지 말 것을 생각하며, 이 마음을 미루어 감히 자기만을 즐겁게 하지 말고 반드시 백성과 함께 하면, 사람마다 세도의 화평함과 인심의 즐거움이 실로 임금의 깊고 두터우신 덕에서 근원된 것임을 알고, 모두 화봉인(華封人)의 축복을 본받고자 할 것이니, 웃어른들의 끊임없는 정성으로써 부흥(復興)을 보게 한 것이 어찌 우연한 일이랴. 나는 다행히 퇴직할 날이 가까웠으니, 생각으로는 필마로 고향에 돌아가서 여러 어른들과 매양 좋은 철 기쁜 날에 누에 올라 술 마시고 시 지으며, 그 즐거운 바를 함께 즐기면서 남은 세월을 마치고자 하니, 웃어른들이여 기다려 주기를 바라노라.[16] 〈한국고전번역원, 신호열 역〉

---

16) 樓觀經營 爲治者之餘事耳 然一樓之興廢 而一鄕之人心可知矣 因一鄕之人心 而一時之世道可知矣 則亦豈可以餘事而小之哉 予爲此說者久矣 今於吾鄕之矗石樓益信之矣 樓在龍頭寺南石岸之上 予昔少年登望者屢矣 樓之制宏敞軒豁 臨渺茫長江流其下 衆峰列于外 閭閻桑竹隱映乎其間 翠壁長洲聯接其側 人氣以淸 習俗以厚 農夫蠶婦 服其勤孝子慈孫 竭其力至若禽鳥鳴翔 魚鼈游泳物於一區 而得其所者 俱可觀矣 其名樓之義 則談菴白先生記曰 江之中有石矗矗 故樓名曰矗石 始手於金公 而再成於安常軒 皆壯元也 故又有壯元之名焉 題詠之美 則有勉齋鄭先生之排律六韻 常軒安先生之長句四韻 亦有耕隱偰先生之六絶句和韻而繼之者 有若及菴閔先生 隅谷鄭先生 彝齋許先生皆佳作 前輩之風流文彩 因可想見矣 不幸前朝之季 百度陵夷 邊備亦弛 海寇深入民墜塗炭 樓亦煨燼矣 天啓聖朝 聖神相承 治敎以明 思濡境中 威振海外向之爲寇者 叩關乞降 絡繹以獻琛 濱海之地 人煙再密 斑白之老酌酒而相慶曰 不圖不日眼見昇平 然上心猶以爲吾治未足 每降敎旨 禁用民力 守令於事 涉濃桑學校之外不敢擅興一役 鄕之父老 前判事姜順 前司諫崔卜麟等 議曰 龍頭寺邑初相地之所置矗石爲一方之勝景 昔之所以奉娛 使臣賓客之心 以迎和氣 而惠及鄕民者也 廢之久不能重新 是吾鄕人之所共爲責也 及各出財 使鄕僧奠香龍頭寺者端永 幹其事 余以此聞于上 得蒙下旨勿禁 歲壬辰十二月 判牧事權公衷 與判官朴施潔採父老之言 修築江防 以除田里積年之患 不十而畢 及於是助其不給召集遊手者 數十輩俾勤其力 至秋九月而告成 危樓聿新 勝觀如舊 今判牧事 柳公淡 判官 梁施權 繼至而緖堅之且因登覽 謀所以灌漑者 造水車築堤堰 以興民利 父老具其始末請於余曰 江防之築 矗石之營皆子之指畫而成 況蒙特旨 榮耀一鄕者全矣 數君子爲民慮亦可謂勤矣 盍爲記以示之泯 余曰此皆由於父老之志 顧余何有爲然 余旣以人心世道爲喜 且於父老之意有感焉 謹書前後之見聞者云 且夫竊惟登是樓者 見汀草之始生 念天地生物之心 思不以一毫不仁之慘 而害民生 見田苗之方長 念天地長物之心 思不以一毫不急之務而奪民時 望園木之始實 念天地成物之心 思不以一毫非義之欲 而侵民利 見場圃之方積 念天地育物之心 思不而一毫非法地斂 而掠民財 推是而擴充之不敢獨樂於已而 必與民同之則 人皆知道之和 人心之樂 實源於上德之深厚 而皆願效於華封人之祝矣 則父老之拳拳焉 用意而興復者 天 豈偶然哉 余致仕之日 已近 思欲匹馬還鄕與諸父老 每於良辰勝日 觴詠樓上同樂 其所樂以終餘年 父老其待之 獻陵 十四年 癸巳秋 九月 晋山 河崙 記.

하륜은 인용문 ①에서 누관(樓觀)의 흥폐(興廢)를 통해 인심(人心)과 세도(世道), 즉 백성들의 올바른 마음가짐 및 세상일이 원칙과 순리에 따라 이루어지는지 아닌지를 가늠할 수 있다고 하였다.

②, ③, ④는 세도의 유무와 누관의 흥폐의 연관성에 대한 구체적인 예이다. ②에서는 백성들의 집(閭閻)과 누대의 조화로움, 아름다운 자연과 비옥한 땅, 유가윤리를 충실히 지키며 자신의 생업에 힘쓴 결과 태평성대를 구가하는 백성들의 모습을 제시하였다. 그리고 이와 같은 상황을 "한 구역의 물건들이 모두 제 자리를 얻은 것"이며, 자연 또한 영원한 순환의 원리에 따라 운행된다고 하였다. 이는 우주자연의 섭리(원칙과 순리)가 완벽하게 구현된 이상적인 세계의 모습을 의미한다.

③에서는 고려 말에 외적의 침입을 받고 민생이 도탄에 빠진 이유가 세도(世道)의 쇠퇴 때문이며, 그로 인해 누도 불타버렸다고 하였다. ④에서는 조선이 개국되자 세도(世道)가 올바르게 세워져 국가의 위엄을 떨치게 되었고, 백성들도 태평성대를 누리게 되었다고 하였다. 또한 태평성대를 계속 유지하게 위해 임금이 교서를 내려 관료들로 하여금 백성에게 피해를 끼치는 일을 엄하게 금하였다고 하였다. 이에 마을의 유지들[부로(父老) - 전판사(前判事) 강순(姜順)과 전사간(前司諫) 최복린(崔卜麟) 등)]이 여타의 구성원들과 힘을 합하여 태평성대의 상징인 촉석루를 중수하였다고 하였다.

⑤는 하륜이 목민관(이 누에 오르는 자)들에게 권계한 내용으로, 백성들을 괴롭히지 말 것, 농사의 시기를 빼앗지 말 것, 백성의 이익을 침해하지 말 것, 백성의 재물을 약탈하지 말 것 등을 당부하였다. 그와 더불어 즐거움을 백성과 함께 하며, 세도와 인심의 융성이 임금의 은혜로 인한 것임을 안다면 누관의 부흥(復興)과 더불어

태평성대도 영원히 이어질 것이라고 하였다

즉 임금의 덕이 현량한 관료를 통해 백성들에게 고루 전달될 때, 백성들은 다른 걱정 없이 자신의 생업에만 전념할 수 있고 유교윤리를 지키며 풍요롭게 살아갈 수 있는 것이라고 한 것이다. 이것이 유가(儒家)에서 말하는 이상세계, 즉 태평성대이다. 이런 점에서 공공기관에 의해 지어진 루는 태평성대의 완벽한 구현을 기념하여 지은 건물이자 태평성대의 상징이라 할 수 있다.

3.1. 광한루(廣寒樓)

광한루의 광한(廣寒)은 무한히 넓고(廣) 차가운 곳(寒)으로 도가(道家)의 하늘, 즉 천상의 선계(仙界)를 의미한다. 광한루의 모든 경관요소들은 선계와 관련이 있다.

(1) 광한루의 연혁

광한루의 연혁과 관련하여 디지털남원문화대전에[17] 소개된 바를 제시하면 아래와 같다.[18]

> 남원 광한루는 조선 전기 명재상 황희의 6대조인 황감평이 고려 때 무인난(武人亂)을 피해 남원에 낙향하여 '일재(逸齋)'라고 하는 조그마한 서실(書室)을 지은 데서 비롯했다.
>
> 이후 세종 때 유명한 정승인 방촌(厖村) 황희(黃喜, 1363-1452)가 양녕대군의 폐출 불가를 주장하다가 태종의 노여움을 사서 남원으로

17) 디지털 남원문화대전.
18) 전적의 기록과 차이가 나는 부분은 일부 수정했으며, 인물의 생몰연대를 첨가하였다.

내려왔다. 황희는 1419년(세종 1) 남원에서 남쪽으로 2㎞쯤 떨어진 곳이 지대가 높고 평평하며 풍광이 아름다워 보이자 이곳에 조그마한 누각을 지어놓고 이름을 광통루(廣通樓)라고 했다. 이곳이 일재(逸齋)라는 서실(書室)이 있었던 곳인지는 알 수 없으나 황희가 남원에 내려와 누각을 지은 것은 그 서실로부터 착안했던 것이라고 볼 수 있다.

1434년(세종 16) : 황희의 아들인 황수신(黃守身)이 지은 광한루기(廣寒樓記)에 의하면 남원부사 민공(閔恭)이 누각을 새로 중수하였다.

1437년(세종 19) : 남원부사 유지례가 단청을 하였다.

1444년(세종 26) : 하동부원군 정인지가 누각에 올라 "호남의 승경이로다. 달나라에 있는 궁전 광한청허부(廣寒淸虛府)가 바로 이곳이 아닌가?"라고 감탄하며 이름을 광한루(廣寒樓)라고 바꿨다.

1461년(세조 7) : 남원 부사 장의국(張義國)이 요천의 물을 끌어다가 누(樓) 앞에 은하수를 상징하는 커다란 연못을 파고 견우와 직녀의 전설이 담긴 오작교를 가설하였다.

1582년(선조 15) : 못 가운데 있는 세 개의 섬은 삼신산[三神山, 영주(瀛州), 봉래(蓬萊), 방장(方丈)]은 을 상징하는데, 송강(松江) 정철(鄭澈)이 전라도관찰사로 부임하여 만들었다. 이후 역대 남원 부사, 전라 감사들의 보수와 공사로 오늘날과 같은 천상(天上)을 상징하는 정원의 모습을 갖추게 되었다.

1597년(선조 31) : 정유재란 때 왜구의 침입으로 소실.

1599년에 남원부사 원신(元愼)이 소실된 누각 자리에 작은 누(樓)를 세웠다.

1626년(인조 4) : 상촌(象村) 신흠(申欽)의 아우인 남원부사 신감(申鑑, 1570~1631)이 작은 누(樓)를 헐고 그 자리에 원래의 크기로 복원하였다. 누각 정면의 현판은 선조의 사위였던 신흠의 아들 동양위(東陽尉) 신익성(申翊聖)의 글씨이다.

1792년(정조 16) : 남원 부사 이만길이 영주각(瀛州閣)을 세웠다.

1855년(철종 6) : 남원 부사 이상억이 누각을 대대적으로 보수하고

'호남제일루(湖南第一樓)'라는 현판을 크게 써서 걸었다.

1877년(고종 14) : 광한루 본관이 차츰 북쪽으로 기울어지자 남원 부사 이용준이 건물 보수로 고민하고 있을 때 남원 수지면에 살던 추대목이 누각에 오르는 계단과 익루(翼樓)를 만들었다. 이전에는 사다를 설치하여 오르내렸다고 한다.

1910-1928년 : 일제의 재판소 및 헌병 분견대로 사용. 일제의 조선 문화 말살 정책에 따라 누각 마루 위가 뜯겨 재판소와 감옥을 만드는 데에 쓰였다. 재판소와 감옥을 만들기 위해 징발된 돌기둥과 나무 기둥은 문고리를 설치한 흔적으로 군데군데 패인 자국이 아직도 남아 있다.

1931년 : 남원군수 백정기가 춘향 사당[萬古烈女春香祠(만고열녀춘향사)]를 건립하고 김은호(金殷鎬) 화백의 춘향의 영정 봉안.

1963년 : 광한루원 경역 확장 및 정비사업. 1월 21일 보물 제281호로 지정되었다.

1964년 : 남원군수 이화익이 방장정 축조

1969-1971년 : 호수 확장, 완월정 및 정문 신축

1985년 : 월매집, 춘향관, 서문 신축

2000년 : 문화재관리청에서 남원 광한루 실측 조사를 실시하였고, 보수의 필요성이 인정되어 2001년부터 전면적인 해체 작업에 들어가 2003년에 보수를 완료하였다.

(2) 광한루원(廣寒樓苑)의 문화적 의미

누정(樓亭)의 의미는 누정과 관련된 문학작품을 비롯한 기록을 통해 파악할 수 있다. 아래 인용문은 1626년에 남원 부사 신감이 광한루를 복원하고 그의 형 신흠이 쓴 〈광한루기(廣寒樓記)〉이다.

광한루기(廣寒樓記)

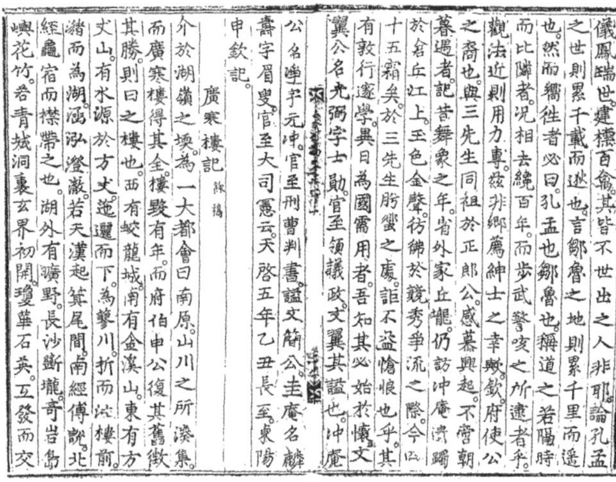

儀鳳端世建標百禩其皆不世出之人非耶論孔孟之世則累千載而逖也言鄒魯之地則累千里而遥也然而嚮往者必曰孔孟也鄒魯也稱道之若膈時而比隣者況相去纔百年而步武謦咳之所逮者乎觀法近則用力專蓀非鄉薦紳士之幸歟欽府使公之裔也與三先生同祖於正郎公感慕興起不嘗朝暮遇者記昔舞象之年省外家丘壠仍訪沖庵遺躅於倉丘江上玉色金聲彷彿於競秀爭流之際今四十五霜矣於三先生肹蠁之處詎不益愴悢也乎其有敦行邃學異日為國需用者吾知其必始於懷文翼公名允弼字士勛官至領議政文翼其謚也沖庵公名淳字元沖官至刑曹判書謚文簡公圭庵名麟壽字眉叟官至大司憲云天啓五年乙丑長至東陽申欽記

廣寒樓記 張維

介於湖嶺之堧為一大都會曰南原山川之所湊集而廣寒樓得其全樓毀有年而府伯申公復其舊徵其勝則曰之樓也西有蛟龍城南有金溪山東有方丈山有水源於方丈逶邐而下為蓼川折而流樓前渚而為湖涵泓澄澈若天漢起箕尾間南經傅説北經龜宿而襟帶之也湖外有曠野長沙斷壠奇岩島嶼花竹若青城洞裏玄界初闢瓊華石英互發而交

二六

호남과 영남의 언저리에 끼어 하나의 큰 도회(都會)가 되고 있는 곳이 이름하여 남원(南原)이다. 산과 물이 모여드는 곳으로 광한루는 더욱 산수의 전경을 다 갖추고 있는 곳이다. 그 누대가 헐린 지 몇 해 만에 부백(府伯) 신공(申公)이 복구를 하였는데, 그곳 승경을 살펴보자면 그 누대를 중심으로 하여 서쪽에는 교룡성(蛟龍城)이 있고, 남쪽에는 금계산(金溪山), 동쪽에는 방장산(方丈山-지리산-필자 주)이 있으며, 물은 방장산에서 발원, 구불구불 멀리멀리 흘러내려 요천(蓼川)이 되고 다시 꺾어져서 광한루 앞에 와서는 하나의 호수로 변하여 깊고 맑기가 마치 하늘의 은하수가 기성(箕星)과 미성(尾星) 사이에서 발원하여 남으로 부열성(傅說星)을 거치고 북으로는 귀수(龜宿)을 거쳐 깃과 띠처럼 두르고 있는 것과 같다. 호수 밖에는 넓은 평야, 긴 모래밭, 낭떠러지, 기이한 바위 그리고 도서(島嶼) · 화죽(花竹)이 있어 흡사 청성산(靑城山)의 동천(洞天) 속과 같다. 숨겨진 그 고장을 처음 개척했을 때는 아름다운 구슬, 수정 같은 돌이 여기저기서 터져나오고, 붉은 물 붉은 언덕이 황홀하여 끝이 없었으리라.

호수 위에는 공중에 걸치어 있는 다리 넷이 있는데, 흡사 무녀(婺女)별이 은하를 건너가게 하기 위하여 신선들이 모여 일하여 그 다리가 노여지자 하늘이 평지로 변해버린 것과도 같은 것이다. 이름을 오작교(烏鵲橋)라고 한 것은 그와 비슷하다는 것을 말한 것이다.

그리고 그 여러 승경을 총망라하여 그 어름에 누대를 세웠는데, 무지개 같은 대들보에 단청한 두공과 진주 발에 구슬 창문은 마치 오성십이루(五城十二樓 곤륜산 위에 있는 신선이 산다는 곳)를 붉은 구름이 가리고 있어 비록 진짜 신선이라도 찾을 수가 없는 것과 같은 것이다. 이름을 광한(廣寒)으로 한 것도 아마 그런 뜻이었으리라. 그런데 광한이라는 그 뜻을 알기가 어려운 것이다. 항아(嫦娥)가 달로 도망가서 거기서 살고 있다지만 일백 발의 계수나무, 삼천의 도끼, 절구 공이를 지키는 토끼 등은 있는 것인지 없는 것인지 호호망망한데, 그것을 취하여 이 누대 이름을 지었다는 것이 과연 그런 것인가, 그렇지 않은 것인가? 또 그것이 옳은 것인가, 옳지 않은 것인가? 알 수 없는 일이다.

추연(鄒衍 전국(戰國)시대 제(齊)의 사람)의 말을 빌면, 구주(九州) 밖에 또 다른 구주가 있다고 하였고, 불씨(佛氏)는 말하기를, "항하(恒河) 내에 삼십삼천(三十三天)이 있다."하였으며, 선가(仙家)에서는 말하기를, "세상 고해를 건너는 곳에 동천(洞天)이 36개가 있다."하였다. 이 모두가 비록 황당무계한 말이기는 하겠지만 그러나 무작정 해괴망측하다고만 말할 것도 아닌 것이다. 지금 천상(天象)을 두고 말하더라도 삼공(三公) · 구경(九卿) · 주기(酒旂) · 시루(市樓) 하는 것들이 우리 인간이 쓰고 있는 말들이지만 따라서 별들의 이름도 되고 있는 것이다. 그렇다면 하늘 위의 광한이 남원의 광한은 되지 말라는 법이 어디 있겠는가. 인간이니 천상이니를 따질 것도 없고, 풍진생애와 신선놀이를 구분할 것도 없는 것이다.

<u>희끄무레한 이슬기가 걷히고 흰 달이 빛을 발할 때 질펀한 호수를 내려다보고 곁에 있는 오작교를 갈라치면 산과 바다와 대지가 모두 눈앞에 모일 것이니 이때 손에다는 금굴치(金屈巵)를 들고 입으로는 명월편(明月篇)을 외우며 자리에는 소복단장한 계집이 있어 얇은 비단</u>

옷을 입고 세모시옷을 끌어당기면서 노래를 화답하고 술을 권하고 하면 그때도 천상과 인간이 구별이 있을지 내 모르겠다. 나씨(羅公遠) 집 늙은이가 천보황제(唐玄宗)를 모시고 잠시 환상 속에서 놀며 예상우의곡(霓裳羽衣曲)을 듣다가 은교(銀橋)를 끌어당겨 버리자 신선이 살고 있는 봉해(蓬海)와는 소식이 단절[19]되어 버렸으면서도 그것이 큰 자랑거리인 양 호언장담하고 있는 것에 비하면 그 차이가 어느 정도이겠는가. 사리에 달한 사람은 사물을 관찰하는 데 있어 검정말 누른말 암컷 수컷을 따지지 않는 법이다.

또 내가 30년 전에 원수(元帥)의 종사관으로서 그 누대에 모여 놀 때 그 이 마침 견우 · 직녀가 만나는 밤이었는데, 계원(桂苑)의 그윽한 향기가 이미 꿈속 일이 되고 말았다. 나도 불로초를 훔쳐 먹고 젊은 나이를 그대로 가지고 있지 못하고 이제 백수로 시간이 다하기만 기다리고 있는 것이 한스러울 뿐이다. 부백(府伯)은 바로 내 아우로 이름은 감(鑑)이고 자는 명원(明遠)인데, 방백(方伯) · 시랑(侍郞)을 역임하고 남원부를 맡아 다스리면서 치행(治行)이 있는 것으로 알려졌다고 한다.

천계(天啓) 6년(1626) 7월 우의정(右議政) 정배도인(停盃道人) 신흠(申欽)은 기록한다.[20]

신흠의 〈광한루기〉에 기록된 바, 광한루는 신선이 사는 천상계를 본뜬 것으로, 은하수(호수)와 오작교가 이를 상징한다. 또한 달빛이 환하게 밝은 날 주연(酒宴)을 마련하여 술잔(금굴치)을 들고 〈명월편〉을 읊조리며, 기녀의 노랫소리를 듣는 것을 가장 아름다운 풍경으로 묘사하였다. 이는 광한루가 기본적으로 술과 기녀를 동반한

---

19) 당 현종(唐玄宗) 초기에 나공원(羅公遠)이 현종을 모시고 월궁(月宮)을 구경가려면서 계수나뭇가지 하나를 공중에 던지자 그것이 은빛을 내는 다리로 변하여 그 다리를 타고 올라가서 수백 선녀(仙女)가 연출하는 예상우의곡(霓裳羽衣曲)을 관람하고 돌아왔다고 한다.『唐 逸史』.

20) 고전번역원, 『상촌선생집』 제23권, 〈광한루기(廣寒樓記)〉.

풍류의 공간이었음을 의미한다.

『동국여지승람(東國輿地勝覽)』, 〈전라도(全羅道)〉에도, 허침(許琛)의 시에, "저녁에 풍류 잡히고 그림 같은 누각에 오르니, 옥봉(玉峯)으로 지는 해가 성 머리에 걸렸구나. 시정(詩情)이 바다처럼 일렁거리니 봄이 정함이 없고, 검기(劍氣)가 하늘에 떠서 밤에도 걷히지를 아니하네. 눈처럼 춤추니 패옥을 던지며 가고, 물결을 도리어 밟고 가니 구슬을 희롱하며 놀도다. 인간에 또한 청허부가 있으니, 좋은 놀이를 세상 밖에서 구하지 말지어다."라는 기록이 있다. 이 기록에서도 광한루는 밤에 눈처럼 춤을 추는 기녀를 보며 풍류를 즐기는 공간임을 알 수 있다.

> 대개 들으니 만 명의 사내가 힘을 합치면 무거운 정려(鼎呂)[21]도 옮길 수 있으며, 한 삼태기의 적은 흙도 버리지 않으면 높은 태산(泰山)과 화산(華山)도 만들 수 있으며, 졸졸 흐르는 물이 합하여 배를 띄우고 깃털이 모여 몸을 날린다고 하였다. 그러므로 여러 사람의 계책이 다 모아져야 공을 이룰 수 있고, 한 손바닥으로는 소리를 내기 어려워 반드시 짝을 기다려야 하니. 이것이 바로 필연의 이치이다.
>
> 생각건대 내가 예전에 외직을 힘써 요청한 것은 어찌 명승지를 수람(收攬)하기 위해서가 아니겠는가. 돌아보건대 이 광한루는 빈 땅에 버려진 지 오래되어 허다한 승경이 옛터에 어렴풋할 뿐이다. 그래서 언제나 이 누각을 다시 세워야겠다고 생각하여 경내의 동지(同志)들을 번거롭게 하지 않을 수 없었다. 말은 두루 미칠 수 없기에 입으로 하지 않고 글로 하였으며, 일은 이루는 것을 귀하게 여기는지라 서로 찾아 호응하기를 바라니, 귀천과 지우(智愚)가 모두 함께 참여하라.

---

21) 구정(九鼎)과 대려(大呂)이다. 구정은 우(禹) 임금이 구주(九州)의 쇠를 거두어 주조한 9개의 솥이고, 대려는 주(周)나라 종묘(宗廟)에 설치한 종(鍾)인데, 모두가 천하의 보기(寶器)로 일컬어진 것이다.

본 고을은 옛날엔 대방(帶方)의 봉강(封疆)이었고 지금은 용성(龍城)의 형승지(形勝地)이다. ① 비옥한 들과 편평한 벌판이 동서로 120리나 펼쳐져 우리 백성들에게 식량을 제공해주지 않은 적이 없다. 선산(仙山)과 중악(衆嶽)이 하늘에 우뚝 치솟아 총 8만 4천 봉우리가 모두 이 고을을 멀리서 감싼다. 풍성하고 비옥한 지세는 서울만 못하나 수려한 강남(江南)이 이곳에 이르러 극에 달한다. 청오(靑烏)[22)]와 단조씨(丹鳥氏)[23)]에 대해서는 비록 알기 어렵지만 지지(地誌)와 주도(州圖)를 통해서 대략 참고할 수 있다. ② 큰 냇물을 터서 끌어와 서쪽으로 쏟아 금대(襟帶)[24)]의 형상을 겹치게 했으며, 높은 누각을 세워 남문(南門)과 대치(對峙)하여 새나가는 기운을 맺었으니, 옛사람이 어찌 까닭 없이 했겠는가. 더구나 물 이름을 "은하(銀河)"라 하고 누대의 현판을 "광한(廣寒)"이라 한 것은 참으로 인간 세상에서는 보기 드문 것이기에 일부러 천상에 비유한 것이다. 직녀(織女)가 홀로 자며 베 짜는 소리 게으른 것과, 소아(素娥)[25)]가 오래 살면서 푸른 바다와 하늘의 원한을 품은 것과, 신령한 까마귀와 까치가 은하수 다리를 가설하여 공을 마친 것과, 늙은 토끼와 차가운 두꺼비가 계수나무에 기대어 차가움을 견디는 것들이 모두 아득히 보이는 것 같지만 마침내는 황홀하여 찾기 어려우니, 어찌 마음에 육근(六根)[26)]의 미혹이 있고 골상(骨相)에 삼청(三淸)의 분별이 없는 것이 아닌가.

---

22) 풍수가(風水家)의 술(術)을 말한다. 진(晉)나라 곽박(郭璞)의 장서(葬書)에서 한(漢)나라 청오 선생(靑烏先生)의 장경(葬經)의 설(說)을 많이 인용하였기 때문에 붙여진 이름이다.

23) 옛날 천문(天文)을 맡은 역정(曆正)의 속관(屬官)이다. 《좌전(左傳)》 노소공(魯昭公) 17년 조에, "소자(昭子)가 담자(郯子)에게 '소호씨(少皞氏)가 새를 가지고 벼슬 이름을 한 것은 무슨 까닭이었는가?' 묻자, 담자는, '소호(少皞)가 즉위하자, 봉새가 마침 날아 왔음으로 새로써 관(官)을 기록하였으니, 단조씨는 폐(閉)를 맡는 자다.'고 답했다."고 하였고, 그 주에, '폐(閉)는 입추(立秋) · 입동(立冬)을 이름이다.' 하였다.

24) 험한 산세가 옷깃(襟)처럼 감싸고 강물이 띠(帶)처럼 둘러쳐진 요충지라는 뜻.

25) 서왕모가 남편에게 준 불사약(不死藥)을 훔쳐 먹고 달 속으로 도망가 달의 선녀가 되었다는 항아(姮娥)를 말한다.

26) 불교(佛敎)의 용어로 사람을 미혹하게 하는 여섯 가지의 근원, 즉 안(眼) · 이(耳) · 비(鼻) · 설(舌) · 신(身) · 의(意)를 말한다.

평범한 경치야 헌창(軒窓)을 길이 마주하면 어지러이 안중에 있으니 어찌 천만 가지 형상뿐이겠는가. 손가락을 꼽아 헤아릴 겨를이 없어 우선 한두 가지만 들어 언급하리라. ③ 흰 돌과 깨끗한 모래는 휘돌아 나가는 요수(蓼水)를 바라보고, 붉은 벼랑 푸른 절벽은 우뚝 선 금암(金嵒)을 마주하고 있다. 초록 비단은 평평히 깔려 구장(毬場)을 닮은 듯 하고 황색 구름은 모두 다 베여 끝없이 두둑을 수놓았네. 초악(鷦岳)은 하늘 끝에 아득하여 푸른 병풍을 두른 듯하고, 교봉(蛟峰)은 구름 가에 솟아 분첩(粉堞)을 띤 울타리와 같다. 버드나무 그늘은 짙어 술집과 어촌(漁村)을 분간하기 어렵고, 안개비 어둑히 내리니 초동과 목동이 서둘러 돌아온다. 방초청천(芳草晴川)은 최호(崔顥)의 시에 있는 구절이고[27] 낙하고목(落霞孤鶩)은 자안(子安)의 서문(序文)에 있는 말이다.[28] 진실로 고금의 특이한 경관이니 어찌 지나친 평가라고 하겠는가.

피리 불고 노래하는 자리는 사신들만의 풍류가 아니요, 술 마시고 시 읊조리며 등림(登臨)하는 것은 또한 주민의 행락에 도움이 되는데, 슬픔과 기쁨에 운수가 있고 이룸과 무너짐이 번갈아 찾아오는 줄 어찌 생각이나 했겠는가. 대황(臺隍)[29]은 많은 전쟁터로 참담해졌고 관우[館宇 관사(館舍)]는 한 자루 횃불에 잿더미가 되었다. 가시덤불이 이미 우거져 건물[蘭欜杏楝]은 자취도 없고, 풍경은 다르지 않은데 번화했던 멋진 일은 어디에 있는가. 난리를 겪은 지 오래 되지 않았지만 인끈 매고 오는 이 몇이던가. 남은 재를 쓸고 대충 수리했으니 어찌 옛 자취를 이었다고 하겠는가. 얽어 지은 것이 옛 제도가 아니니 홀로

---

27) 최호(崔顥, ?~754)는 당나라 시인으로, 〈등황학루(登黃鶴樓)〉라는 시에 "맑은 시내에 한양의 숲 역력하고, 봄풀은 앵무주에 무성하네(晴川歷歷漢陽樹, 春草萋萋鸚鵡洲)"라는 구절이 있다.

28) 당(唐)나라 왕발(王勃, 649 또는 650~676 또는 675)의 훌륭한 문장을 칭찬한 말이다. 자안(子安)은 왕발의 자(字)이며, 그의 〈등왕각서(滕王閣序)〉에 "지는 놀은 외로운 따오기와 나란히 날고 가을 강물은 긴 하늘과 한빛일세(落霞與孤鶩齊飛 秋水共長天一色)"라는 구절이 있다.

29) 성 밖을 물로 둘러친 해자(垓字)를 말함.

남은 영광전(靈光殿)[30]과 사뭇 다르고, 재목이 또 한결 같이 기울었으니, 이미 부서진 황학루(黃鶴樓)[31]를 갑자기 세운 격이다. 곰곰이 생각하니 통한 거리 큰길가엔 으레 후정(堠亭)[32]을 두었고 옛 집 남은 마을에는 큰 나무가 아직까지 남아있다. 그런데 차마 백년 옛 물건을 오래도록 묻혀있게 하였으니, 아, 우리 고을 백성들이 수선하지 않은 탓이다. 그 무너진 담장과 깨진 주춧돌의 폐허를 내버려두어 행인들로 하여금 길이 탄식하게 하는 것보다는 한 자 베, 한두 섬의 남은 재물이라도 바쳐서 다시 전성기의 고사를 보아야 하지 않겠는가.

아, 조물주가 손을 대어 저절로 정치(停峙)의 공을 이루었지만 감상은 인간이 하기에 반드시 올라가 구경하는 장소를 두어야 한다. 이것이 누정과 대사(臺榭)가 세워진 까닭이니 토목 공역이 없을 수 없다. 그러나 호사(好事)의 유폐(流弊)가 있으니 반드시 때를 기다려서 행해야 한다. ④ 여기서 강산(江山)이 드러나고 묻히는 것이 인간사의 성쇠에 달렸음을 알겠으니, 과연 원유(園囿)의 흥폐로 국가의 안정과 혼란을 짐작할 수 있다. ⑤ 저 강선루(降仙樓)[33]와 부벽루(浮碧樓)[34]의 장관은 옛 사람을 더 호사롭게 해주었고 촉석루(矗石樓)[35]와 영남루(嶺南樓)[36]의 굉장한 규모는 모두 옛 모습에 의거하였다. 병란이 끝난 지 이미 오래 되었으니 바로 태평을 회복하는 기회를 맞았고, 재물이 점차 완비되어 중수하는 일이 많아졌는데, 어찌 이 누각만 복원하지

30) 산동(山東) 곡부현(曲阜縣)에 있었던 한(漢)나라 경제(景帝)의 아들인 노 공왕(魯恭王)이 세운 궁전. 도적 떼에 의하여 다른 궁전들이 다 파괴되었지만 영광전만 그대로 보존되었다고 함.

31) 호북성 무한 서쪽의 한양문(漢陽門) 안에 있는 황학산 위에 있던 누각으로, 촉(蜀)의 비문위(費文褘)가 등선(登仙)하여 황학을 타고 이곳에서 쉰 일이 있었다고 함.

32) 이정(里程)을 표시한 대(臺)를 말한다. 후(堠)는 이수(里數)를 기록한 토대(土臺)로, 1후는 5리를 말함.

33) 평안남도 성천군(成川郡) 성천읍에 있는 정자로, 관서팔경(關西八景)의 하나.

34) 대동강변 청류벽 위에 서 있는 누각.

35) 경상남도 진주시 본성동(本城洞)에 있는 누각. 임진왜란 때 논개가 적장을 끌어안고 강으로 떨어져 순국한 곳으로도 유명함.

36) 경상남도 밀양시(密陽市) 내일동(內一洞)에 있는 누각.

않아서 오래도록 큰 고을에 수치(羞恥)를 끼치는가. 이 지역에 사는 자로서 어찌 감히 늦추는가. 이 일은 늙은 수령이 사사로이 할 수 있는 것이 아니다. 농사일에 부담을 주지 않는다면 잠시의 번거로움을 어찌 마다하겠는가. 마침 풍년이 들었으니 모두 있는 힘을 다 쏟아야 한다. 각자 금전[泉貨]을 내되 많고 적음에는 구애받지 말고, 모두 성명을 기록하였으니 빈부에 차이가 있음을 알겠다. ⑥ 아, 늙은이와 아이들을 모아 낙성식 잔치를 열고, 살찐 고기와 문주(文酒)를 베풀어 대중과 함께 기쁨을 다하리라.

『제호집』 제10권 잡저(雜著), 〈광한루를 다시 세우자고 경내에 통유하는 글(重建廣寒樓通諭境內文) 부백(府伯)을 대신하여 지었다.〉

양경우(梁慶遇, 1568~1638)가 광한루를 다시 복원할 목적으로 남원 부사(府伯) 신감(申鑑, 1570~1631)을 대신하여 경내의 백성들을 설득하기 위해 쓴 글이다. ①은 남원의 풍성하고 비옥한 지세(地勢)를 서술하였고, ②는 남원의 옛 지도를 참고하여 광한루 본래의 모습을 고증한 것으로, 광한루 본래의 모습이 천상(天上)의 선계(仙界)뿐만 아니라, 군사적 요충지와 풍수지리적인 효용성을 고려하였음을 이야기한 것이다. ③은 남원의 아름다운 풍광과 넓고 풍요로운 들판, 산에 의해 병풍처럼 둘러싸인 안온한 지세, 그 안에서 평화롭게 살아가는 백성들의 모습 등을 서술한 후, 이와 같은 경관은 어디에도 없다고 하였다. ④는 원유(園囿)가 국가의 안정과 혼란을 가늠할 수 있는 기준이며, ⑤에서는 태평성대의 상징으로 진주의 촉석루(矗石樓)와 밀양의 영남루(嶺南樓)가 복원되었다고 하였다. 루(樓)의 복원은 태평성대를 상징하기에 ⑥에서 낙성식을 하는 날 백성들과 더불어 기쁨을 나누겠다고 한 것이다.

태평성대의 상징으로서의 광한루의 모습은 송강 정철의 시에서도 확인할 수 있다.

恢拓銀河弄明月 은하를 넓혀 달을 희롱하고
栽培苦竹挹淸風 고죽을 심어 맑은 바람 맞아들였네
一年南國巡宣化 일 년 동안 남쪽을 돌며 베푼 덕화는
只在淸風明月中 다면 청풍명월 안에 있다네[37]

〈광한루 앞에 물이 띠처럼 가늘게 흘렀는데 깊이 파서 넓히고 작은 섬에 대나무를 옮겨 심고 술잔을 잡고 길게 읊조리다(廣寒樓前 水細如帶 浚而拓之 旣又移竹小嶼 遂把杯長吟)〉

제목에 제시된 바, 이 작품은 요천의 물을 끌어와 만든 실개천을 깊이 파 넓혀 호수를 만들고, 삼신산에 대나무를 심은 후 흥취에 겨워 술잔을 들고 읊조린 시이다. 주목되는 구절은 전구(轉句)인 3행이다. 전라도 관찰사로 부임하여 일 년간 호남지방에 베푼 왕의 덕화(德化)가 대숲의 맑은 바람과 호수에 비친 달에 있다고 하였다.

37) 『송강원집(松江原集)』 권지일(卷之一).

즉 관료로서 임금의 덕화를 백성들에 베풀어 태평성대가 이루어진 것을 기념하여 광한루에 호수를 만들고 대나무를 심었다는 것이다.

주지하다시피 광한루는 옥황상제와 신선, 선녀들이 사는 도가의 천상 세계를 지상에 구현한 것이다. 유가에서 신선의 세계를 끌어오는 것은 사상적 차원에서 도가를 믿는 것이 아니다. 흔히 '신선놀음에 도끼자루 썩는 줄 모른다.'는 말에서 알 수 있듯이, 근심 걱정이 없는 상태, 즉 태평성대의 다른 표현이라 할 수 있다. 〈광한루〉는 이런 점에서 천상의 선계(仙界)를 통해 태평성대를 상징한 것이다.

桂苑天香入座緋 계원의 천향이 온 좌석에 향기로워
夜來環珮共忘歸 밤이 되도 패옥은 모두 돌아가길 잊었네
玄霜幾搗千年藥 현상을 몇 번 찧어 천년 약을 만들었나
白月長開萬里輝 하얀 달은 만 리의 빛을 오래도록 열었네
沆瀣細連銀漢淨 물안개는 맑은 은하수에 가늘게 이어졌고
樓臺迥壓玉虹飛 광한루는 날 듯 한 오작교 저 멀리 있네
何緣一向成都卜 어찌하면 성도의 점쟁이 한 번 찾아가
簾肆誇將織女機 염사(簾肆)에서 직녀의 지기석[38]을 자랑할까

신흠(申欽, 1566~1628), 『상촌선생집』 제12권
〈남원 광한루에 모여 술자리를 벌이다(會酌南原廣寒樓)〉

38) 지기석은 베틀을 고인 돌이다. 전설에 의하며 장건(張騫)이 한무제(漢武帝)을 명을 받아 하수(河水)의 근원을 찾다가 뗏목을 타고 천하(天河)에 당도하였을 때, 비단을 빨던 한 부인이 장건에게 돌 하나를 주었다. 장건이 돌아와 성도(成都)의 점장이 엄준(嚴遵)에게 그 돌이 무엇인지 물어보자 직녀의 베틀을 고인 돌이라고 했다고 한다. 엄준은 성도(成都)의 시장에서 주렴을 친 가게[염사(簾肆)]를 열고 점을 보다가 하루 생활비인 백전(百錢)만 벌면 즉시 주렴을 내리고 생도들에게 『노자(老子)』를 가르쳤다고 한다.

하늘의 오묘한 향기가 가득한 달의 정원[계원(桂苑), 항아(嫦娥)라는 선녀가 산다는 곳]에서 밤이 깊도록 돌아가는 것도 잊었고, 토끼는 몇 천 년 동안이나 현상(玄霜-불로초)을 찧었는지 모른다고 하였다. 선계에서의 잠깐이 인간세계의 몇 천 년에 해당하기 때문에 하룻밤의 놀이를 몇 천 년으로 표현한 것이다. 때마침 밝은 달빛과 맑은 물안개가 어우러져 몽환적인 풍경을 연출하기에 오작교(玉虹) 끝 저 멀리에 광한루가 아스라이 보인다고 하였다. 환상적인 선계의 모습이라 할 수 있다.

화자는 선계에서 얻은 지기석(직녀의 베틀을 고인 돌)을 가지고 성도의 점쟁이 엄준(嚴遵)에게 자랑하고 싶다고 하였다. 신선의 누각인 광한루와 은하수, 무지개다리(오작교)로 이루어진 선계에서 선약(신선의 술)을 마시며 천상의 풍류를 즐기는 화자의 모습은 천상의 신선에 다름 아니다.

龍城南畔廣寒樓　용성 남쪽 광한루
樓下飛橋度碧流　누 아래 오작교는 푸른 시내를 가로질렀네
銀漢亦非天上有　은하수가 천상에만 있는 것이 아니니
月宮還在世間不　월궁이 도리어 인간 세상에 있는 건 아닌지
一登可辨千年誌　한 번 오르니 천년의 기록을 분별할 수 있는데
四望難消百里憂　사방을 바라보니 백 리의 근심을 풀기 어렵네
邑子莫言耽勝地　마을 사람이 탐승지를 말하지 말라 하니
使君無樂領雄州　그대로 하여금 큰 고을을 즐기지 못하게 함이라
空閨有幾姮娥寡　빈 규방엔 과부 항아의 베틀이 있으니
蔀屋應多織女愁　빈 집엔 응당 직녀의 수심이 가득하겠지
吏事敢教霜鬢惰　나랏일을 함에 있어 감히 늙었다고 게으를까
主恩須以赤心酬　임금님 은혜 모름지기 붉은 마음으로 갚으리라
…하략…　　홍석기(洪錫箕)『晩洲遺集』 卷之五 〈廣寒樓〉

인용문은 홍석기(1606~1680)가 남원부사로 재임하던 시절에 지은 작품이다. 4행까지는 광한루원을 통해 인간 세상에 구현된 천상의 월궁(月宮)의 모습을 그리고 있으며, 6행의 백 리의 근심을 풀기 어렵다는 말은 〈광한루〉가 태평성대의 상징임을 의미한다.

層城曲壘枕寒流	높은 성벽 굽은 보루 강을 베고 누웠는데
萬馬東穿得一樓	만마관을 지나오니 광한루가 여기 있네
井地已荒劉帥府	유수의 진영에는 정전이 이미 묵었고[39]
關防舊鞏帶方州	대방의 나라 요새 예로부터 철벽이라[40]
雙溪草綠春陰靜	쌍계의 푸른 풀에 봄 그늘 고요하고
八嶺花濃戰氣收	팔령의 만발한 꽃 전장 기운 걷혔네
烽火不來歌舞盛	봉홧불 들 일 없고 노래와 춤 성하거니
柳邊猶繫木蘭舟	수양버들 가지에다 배 매고 머무노라

정약용(丁若鏞), 『다산시문집』 제2권 〈登南原廣寒樓〉

위 정약용(1762~1836)의 작품도 쌍계의 봄기운과 팔령의 꽃을 통해 화사한 봄 경치를 노래하였고, 마지막 두 행에서는 봉홧불을 들 일이 없는 평화로운 시대를 노래와 춤으로 즐기고 호수에 배를 띄워 선유놀음을 하는 모습을 통해 태평성대를 노래하고 있다.

이처럼 〈광한루〉 시에서 선계를 통한 태평성대를 노래한 것이 많은 것은 관에서 세운 루(樓)가 기본적으로 유가적 이념이 완벽하게 구현된 치화(治化), 즉 태평성대를 상징하기 때문이다.

39) 백제말에 유인궤(劉仁軌)가 이곳에 정정(井田)을 개척하였다.
40) 남원은 대방이 아니었는데 특별히 유인궤로 인해 이름을 얻었다.

광한루원(廣寒樓苑)의 경관요소

앞서 언급한 바, 광한루는 천상(天上) 신선의 세계를 구현한 것으로, 광한루 주변에 포치된 경물들은 모두 선계와 관련이 있다.

건축물과 관련된 이름으로 사용되는 원(園), 원(院), 苑(원) 등은 그 의미가 조금씩 다르다. 원(院)은 단순히 담장을 두른 건축물을 의미하며, 원(園)은 울타리 안에 다양한 과일나무와 화초를 심어놓은 정원(庭園)을 의미한다. 그리고 원(苑)은 국가에서 만든 것으로 원(園)보다 규모가 크며 새와 짐승을 놓아기르던 공간이다. 광한루에 담장을 두르고 원(苑)이라 명명한 것은 광한루원이 국가에서 만든 것이기 때문이다.

광한루를 선계(仙界)로 만드는 경관요소들은 세 가지로 나뉜다. 첫 번째는 월궁(月宮)을 의미하는 광한루(廣寒樓)이고, 두 번째는 바다의 삼신산이며, 세 번째는 천상의 신선과 선녀인 견우직녀와 관련된 경관요소이다.

광한루(廣寒樓)

광한루의 본래 이름은 광통루(廣通樓)였는데, 정인지가 달나라의 광한청허부(廣寒淸虛府) 같다고 하여 광한루로 이름을 바꿨다.

광한청허부는 달에 있는 궁전으로, 방사(方士, 道士) 나공원(羅公遠)이 당나라 현종을 모시고 계수나무 지팡이를 공중에 던져 은교(銀橋)를 만들어서 밟고 올라가 월궁(月宮)에서 놀았는데, 그곳에 광한청허부(廣寒淸虛府)라는 문패가 걸려 있었다고 한다.

광한궁(廣寒宮)은 유궁후(有窮后) 예(羿)의 아내였던 항아(姮娥, 嫦娥)가 살고 있는 궁전이다. 예는 일찍이 곤륜산(崑崙山) 요지(瑤池)에 사는 서왕모(西王母)에게 불사약(不死藥, 仙藥)을 얻어 숨겨 놓았다.

항아는 남편이 늘 집을 비우고 활만 쏘며 다니자 남편이 숨겨 놓은 불사약을 훔쳐 먹고 월궁(月宮)으로 올라가 달의 정령(月精)인 두꺼비(蟾)가 되었다고 한다.

삼신산(三神山)과 오석(鰲石)

광한루원 호수에는 전설 속의 신선이 산다는 세 개의 섬이 있는데, 두 개의 섬에는 영주각(瀛洲閣)과 방장정(方丈亭)이 세워져 있으며, 오작교 건너에 누각이 없는 섬 봉래도(蓬萊島)가 있다.

봉래도(蓬萊島)

삼신산에 대한 이른 시기의 기록은 『열자(列子)』(BC 400년경)와 사마천의 『사기(史記』(BC 90년경)에 보인다.

탕임금이 또 물었다. 사물에는 굵고 가는 것이 있는가? 길고 짧은 것이 있는가? 같고 다른 것이 있는가? 하혁(夏革)이 이르기를 "발해(渤海)의 동쪽 몇 억만 리인지 알 수 없는 곳에 큰 골짜기가 있는데, 진실로 바닥이 없다고 생각됩니다. 그 바닥이 없는 곳을 귀허(歸墟)라고 합니다. 사방팔방과 중앙의 물과 은하수가 그곳으로 흐르지 않는 것이 없지만 늘지도 줄지도 않습니다.

그 가운데 다섯 개의 산이 있으니, 첫 째는 대여(岱輿), 둘째는 원교(員嶠), 셋째는 방호(方壺), 넷째는 영주(瀛洲), 다섯째는 봉래(蓬萊)라고 합니다. 그 산은 높이와 둘레가 삼만 리이고, 꼭대기의 평평한 곳은 구천 리입니다. 산과 산 사이의 거리는 7만 리로 이웃하고 있습니다.

그 위의 대관(臺觀, 樓臺)은 모두 금과 옥으로 지어졌으며, 새와 짐승들은 모두 순백색이다. 옥으로 된 나무가 빽빽하며 꽃과 열매는 모두 맛있으며 그것을 먹으면 늙지도 죽지도 않습니다. 그곳에 살고 있는 사람들은 모두 신선과 성인으로 하루 낮과 하룻밤 사이에 날아서서 왕래하는 데 그 수를 헤아릴 수가 없습니다. 다섯 산의 뿌리는 연결된 곳이 없어서 늘 조소와 물결을 따라 오르내리고 왔다 갔다 하며 잠시도 머물러 있지 않습니다. 신선과 성인이 그것을 걱정하여 상제에게 호소하니, 상제가 산들이 서쪽 끝으로 흘러가 성인들의 거처가 없어질 것을 염려하여 우강(북해의 신)에게 명하여 큰 자라 열다섯 마리로 하여금 머리를 들어 그것(다섯 산)을 3교대로 번갈아 이게 하고 육만 년에 한 번씩 교대하게 하였습니다. 다섯 산이 비로소 고정되었는데 용백국의 거인이 발을 들어 몇 걸음 가지 않아 다섯 산이 있는 곳에 이르러 낚시로 단번에 자라 여섯을 잡아 모두 등에 지고 자신의 나라로 돌아가 운수를 점치기 위해 그 뼈를 구웠습니다. 이에 대여와 원교 두 산은 북쪽 끝으로 흘러가 큰 바다에 가라앉아 거처를 옮긴 선성이 수 억 명을 헤아렸습니다. 상제가 크게 노하여 용백국을 줄여

좁게 만들었고 욕백국의 백성을 키를 줄여 작게 만들었습니다. 그러나 복희씨 신농씨 시절에 이르러서도 그 나라사람들의 키가 오히려 수십 장이었습니다.[41] 『열자(列子)』 〈탕문편(湯問篇)〉

영주각(瀛洲閣)

제나라의 위왕과 선왕, 연나라의 소왕 때부터 사람을 바다로 들여보내 봉래(蓬萊), 방장(方丈), 영주(瀛洲)를 찾도록 하였다. 전하는 말에 의하면 이 삼신산이 발해(渤海) 가운데 있는데 속세에서 멀지 않아 우환이 미친 즉, 배가 바람에 이끌려 멀어진다. 일찍이 삼신산에 도착했던 자들은 모든 선인(仙人)들과 불사약이 거기에 있고, 사물과 새와 짐승들이

41) 湯又問 物有巨細乎 有修短乎 有同異乎 革曰 渤海之東不知幾億萬里 有大壑焉 實惟無底之谷 其下無底 名曰歸墟 八紘九野之水 天漢之流 莫不注之 而無增無減焉 其中有五山焉 一曰岱輿 二曰員嶠 三曰方壺 四曰瀛洲 五曰蓬萊 其山高下周旋三萬里 其頂平處九千里 山之中間相去七萬里 以爲鄰居焉 其上台觀皆金玉 其上禽獸皆純縞 珠玕之樹皆叢生 華實皆有滋味 食之皆不老不死 所居之人皆仙聖之種 一日一夕飛相往來者 不可數焉 而五山之根 無所連著 常隨潮波上下往還 不得暫峙焉 仙聖毒之 訴之於帝 帝恐流於西極 失羣聖之居 乃命禺疆使巨鼇十五擧首而戴之 迭爲三番 六萬歲一交焉 五山始峙 而龍伯之國 有大人 擧足不盈數步而暨五山之所 一釣而連六鼇 合負而趣 歸其國 灼其骨以數是岱輿員嶠二山. 流於北極 沈於大海 仙聖之播遷者巨億計 帝憑怒 侵減龍伯之國使阨 侵小龍伯之民使短 至伏羲神農時 其國人猶數十丈.

> 모두 흰색이며, 황금과 은으로 궁궐이 이루어졌다. 도착하지 않고 멀리서 삼신산을 바라보면 구름 같고, 가까이 가면 삼신산의 반은 물 아래 있는 듯한데, 그곳에 다다르면 매번 바람에 이끌려 멀어져 끝내 도달할 수 없었다고 한다. 속세의 군주들이 좋아하지 않는 자가 없었다.
>
> 진시황이 천하를 통일하고 바다에 왔을 때, 방사들이 그것(앞의 이야기들)을 말한 것이 이루 셀 수 없이 많았다. 진시황이 스스로 바다에 이르렀다가 삼신산에 도달하지 못할 것을 걱정하여 사람으로 하여금 동남동녀를 데리고 바다에 들어가 삼신산을 찾도록 하였다. 배가 바다를 오가다가 모두 바람을 핑계 대며, 도달할 수는 없었지만 멀리서 삼신산을 보았다고 하였다.
>
> 이듬해 진시황이 다시 바다로 가서 낭야산(琅邪山)에 이르렀고 항산을 거쳐 상당에서 되돌아 왔다. 3년 후 갈석산에 가서 바다에 들어갔던 방사들을 꾸짖고 상군으로부터 되돌아왔다. 5년 후 진시황은 남쪽으로 상산에 이르렀고 회계산에 올라 해상으로 가서 삼신산의 기이한 약을 만나기를 바랐으나 얻지 못하고 돌아오다가 사구에 이르러 세상을 떠났다.[42] 『史記』〈封禪書〉第六

『열자』와 사마천(司馬遷 : BC145년경 - BC85년경)의 『사기(史記)』에 의하면, 삼신산은 발해(渤海)[43] 가운데 있는데, 여기에는 선산과

---

42) 自威宣燕昭 使人入海 求蓬萊方丈瀛洲 此三神山者 其傅在勃海中 去人不遠 患且至 則船風引而去 蓋嘗有至者 諸僊人及不死之藥皆在焉 其物禽獸盡白 而黃金銀爲宮闕 未至 望之如雲 及到 三神山反居水下 臨之 風輒引去 終莫能至云 世主莫不甘心焉 及至秦始皇幷天下 至海上 則方士言之不可勝數 始皇自以爲至海上而恐不及矣 使人乃齎童男女入海求之 船交海中 皆以風爲解 曰未能至 望見之焉 其明年 始皇復游海上 至琅邪 過恆山 從上黨歸 後三年 游碣石 考入海方士 從上郡歸 後五年 始皇南至湘山 遂登會稽 並海上 冀遇海中三神山之奇藥 不得 還至沙丘崩.

43) 『열자』와 『사기』에 등장하는 발해(渤海)는 중국에서는 발해 또는 동해(東海)로 불렀고, 우리나라의 서해(西海) 또는 황해(黃海)로 부르는 곳이다. 서불(徐市, 徐福)이 진시황에게 바다 가운데 삼신산이 있으니 동남동녀(童男童女) 3,000명을 데리고 불사약을 구해오겠다고 한 곳이 낭야(琅邪)이다. 낭야는 중국 산동성 청도시(青島市) 부근(山東省 臨沂縣 소재)으로, 『산해경』에는 낭야대가 발해 사이에 있다(琅邪臺在渤海間)고 하였다. 따라서 발해는 낭야 동쪽의 바다 즉 서해를 의미한다.

불사약이 있고, 여기에 사는 짐승은 모두 백색이며, 궁궐은 황금과 백은으로 이루어져 있다고 한다.

삼신산을 머리에 이고 있는 동물이 큰 자라(鰲)이며, 광한루와 호수 사이에 있는 오석(鰲石)이 그것이다.

오석(鰲石)

『열자』의 기록에 의하면 산이 본래 5개였고, 큰 자라 열다섯 마리로 하여금 머리를 들어 다섯 개의 산을 3교대로 번갈아 이게 하였는데, 용백국의 거인이 낚시로 자라 여섯을 잡아 죽였기 때문에 대여(岱輿)와 원교(員嶠)는 북쪽 바다에 가라앉아 방호(方壺=方丈), 영주(瀛洲), 봉래(蓬萊)의 세 산만이 남았다고 하였다.

『열자』의 기록 이후 큰 자라(巨鰲)는 삼신산의 존재와 관계없이 그 자체로 삼신산, 즉 선계(仙界)를 의미하게 되었다. 산 이름(金鰲山)[44]

---

44) 아래 시는 최치원의 벗이자 당나라 시인인 고운(顧雲)이 신라로 돌아가는 최치원과의 이별을 아쉬워하며 써준 시로 알려져 있다.

我聞海上三金鼇 나는 바다 위에 금자라 세 마리가 있었다고 들었으니
金鼇頭戴山高高 금자라 머리에 인 산 높고 높은데
山之上兮珠宮貝闕黃金殿 산 위에는 주궁패궐 황금전이요

이나 지명(鰲山 - 전남 강진의 옛 이름), 전남 담양 소쇄원(瀟灑園)의 '오암(鰲巖)' 등은 주변 지역 전체를 선계로 규정한 것이라 할 수 있다.

신기루(蜃氣樓)

삼신산에 있는 누각과 궁궐은 신기루(蜃氣樓)이다.

신루(蜃樓)는 깊은 바다 가운데에 존재한다. 그런데 그 건축 구조가 하도 심오하고 그 솜씨가 신비롭기만 하기 때문에 어떻게 만들어졌는지 자세히 알 수가 없고, 정처 없이 떠다니는가 하면 금방 보였다가 사라지곤 하기 때문에 어디에 있는지 지목할 수가 없고, 바라보면 분명히 있다가도 건듯 없어져 버리기 때문에 그 거리를 정확히 잴 수가 없다.

『열자(列子)』라는 책에 이르기를, "신산(神山=三神山)이 발해(浡海) 가운데에 있는데, 그 위의 대관(臺觀)은 모두 금옥(金玉)으로 되어 있으며, 선성(仙聖)의 종족이 거기에서 살고 있다. 그런데 그 산은 밑에 뿌리박은 것이 없이 항상 물결치는 대로 갔다 왔다 한다."하였다.

그 뒤에 진시황(秦始皇)이 신선(神仙)을 좋아하였는데, 방사(方士)인 노오(盧敖)와 서불(徐市) 등이 모두 '바다 가운데에 신선이 사는 곳이 있는데 인간 세상과 그다지 멀리 떨어져 있지 않다.'고 하자, 진시황(秦始皇)이 그 말을 듣고 기뻐하여 동쪽으로 해상(海上)을 순행(巡行)

山之下兮千里萬里之洪濤 산 아래엔 천리만리 넓은 파도라
傍邊一點鷄林碧 그 옆에 한 점 계림 푸르네
鼇山孕秀生奇特 금오산 품은 빼어난 기운 뛰어난 인물 냈으니
十二乘船渡海來 십이 세에 배 타고 바다를 건너와
文章感動中華國 문장으로 중화국을 감동시시키고
十八橫行戰詞苑 십팔 세에 전사원(과거시험장)을 횡행하며
一箭射破金門策 화살 한 발로 금문의 과녁(목표물)을 깨뜨렸다네
『삼국사기(삼국사기)』〈崔致遠 條〉

위 시는 최치원의 비범함을 찬양하기 위해 최치원의 출생지(鷄林, 金鰲山)의 신성성을 부각시킨 것이다. 주목되는 것은 금자라(金鰲)를 삼신산과 동일시하고 있다는 점이다.

하다가 그 신산을 본 것처럼 느낀 적도 있었다.

『열자(列子)』에 기록된 것으로부터 시작해서 모두가 사실은 이 신루(蜃樓=蜃氣樓)를 가리키고 있다 할 것인데 그 제작 규모가 어떠하고 거리는 얼마나 떨어져 있는지 그 상세한 내용을 제서(諸書)는 기재해 놓지 못하고 있다.

애당초 이 신루로 말하면 대개 개씨[介氏 갑각류(甲殼類)]의 족속이 경영한 것이었다. 개씨는 대대로 바다 속에 살아 오면서 신선술(神仙術)을 터득하고는 갖가지 변화를 일으켜 환영(幻影)을 내보여 주곤 하였다. 그러다가 언젠가는 족속을 모아 놓고 상의하기를, "우리들이 비록 물고기나 자라와 뒤섞여 살고 있기는 하지만 우리야말로 신선의 신령스러운 도를 터득하고 있는 존재들이다. 일찍이 듣건대 신선들은 누각을 지어 놓고 살기를 좋아한다고 하였다. 그러니 어찌 엄청나게 크고 으리으리한 집을 지어 놓고 신명(神明)에 걸맞게끔 살지 않아서야 되겠는가."하였다. 그러고는 마침내 서로들 숨을 불어제치기 시작하면서 허무(虛無)로 토대를 삼고 상망[象罔 무심(無心)을 의미함]으로 골격을 삼고 홀황[忽荒 원기(元氣)가 분리되지 않은 혼돈 상태를 뜻함]으로 장식을 하여 금세 번쩍번쩍 빛나는 집을 만들어 내었다. 일단 작업이 마무리되자 족속들을 크게 모아 놓고 낙성식을 가진 뒤 자허자(子虛子)에게 이에 대한 기문(記文)을 써 달라고 부탁해 왔다.

이에 혹자(或者)가 자허자에게 힐문하기를, "그대는 이 건축물이 과연 공간적으로 실재(實在)한다고 생각하는가?"하자, 자허자가 대답하기를, "허무를 의지하고 있는데 어떻게 실재한다고 할 수가 있겠는가."하였는데, 혹자가 또 물어 오기를, "그러면 시간적으로는 과연 상존(常存)한다고 할 수 있겠는가?"하자, 대답하기를, "공간적으로 실재하지도 않는데 어떻게 시간적으로 늘 있을 수 있겠는가. 이것은 또한 홀연히 있게 되었다가 홀연히 없어지는 것일 뿐이라고 하겠다."하였다. 그러자 혹자가 계속해서 따져 묻기를, "실재하지도 않고 상존하지도 않으며 홀연히 있다가 홀연히 없어지는 것이라면 또한 환영(幻影)이라고 해야 하지 않겠는가?"하자, 자허자가 그렇다고 하니, 혹자가 단안을 내리기를, "그렇다면 이처럼 진정 환영인 것을 가지고 그대가 또 덩달아서 수식하다니, 이것이야말로 환영 중의 환영이 아니겠는가."하였다. 이에 자허자가 말하기를, "아, 그대는 환영의 존재 가치가 정말 없는 것이며 따라서 수식하고 말 것도 없는 것이라고 생각하는가. 대저 이 세상 어디를 간들 환영 아닌 것이 있기나 하겠는가. 하늘도 어느 땐가는 엎어지고 땅도 언젠가는 사라지고 말 운명이니, 그렇다면 하늘과 땅 역시 환영인 셈이다. 하늘과 땅도 오히려 환영인 셈이라면, 더더구나 그 속에 존재하는 사람이나 물건이나 벌어지는 일 자체 역시 환영이 아니고 무엇이겠는가.

아방궁[阿房宮 진시황(秦始皇)의 궁정]과 미앙궁[未央宮 한 고조(漢高祖)의 궁전]과 동작대[銅雀臺 삼국 시대 위(魏) 나라 조조(曹操)의 누대] 오봉루[五鳳樓 양 태조(梁太祖)의 누각] 등으로 말하면 영원히 없어지지 않을 웅장하고도 화려한 건축물이라고 인류가 이야기해 오던 것들이다. 이것들을 짓느라 온 세상의 힘을 쏟아 부었고 이것들을 수식하느라 사인(詞人)들이 있는 기예를 모두 발휘했는데, 지금 과연 남아 있는 것이 하나라도 있는가? 없다가 있게 되었고 또 있다가 없어진 것으로 말하면 저것이나 이것이나 매한가지이니, 환영이면 똑같이 환영이고 실재한다면 똑같이 실재한다고 해야 할 것인데, 어떻게 이것은 짓눌러 버리고 저것은 추켜세울 수가 있단 말인가? 그리고 바다야말로 우리의 고향이 아니겠는가마는, 그것 또한 어느 땐가는 티끌로 변하고 말 것이다. 그러니 하물며 내가 이 누각에 대해 오래도록 지속되기를 기대할 수가 있겠는가. 그것이 있을 때에는 마음 편히 나의 소유로 하였다가 없어지면 없어진 대로 놔둘 따름이다. 그것이 없어질 때를 당하면 없어지지 않도록 할 능력이 나에게는 전혀 없다. 그러니 그것이 있을 동안만이라도 어떻게 내가 그것을 나의 소유로 하지 않을 수가 있겠는가? 그리고 일단 나의 소유로 삼은 이상에는 그것이 환영이든 환영이 아니든 따질 것 없이 내가 또 어떻게 이를 수식하지 않을 수가 있겠는가?"하였는데, 혹자가 아무 대꾸를 하지 못하였다. 이에 마침내 이것으로써 기문(記文)을 삼기로 하였다.

장유, 『계곡선생집』 제8권 기(記) 〈신루기(蜃樓記) 과작(課作)〉[45]

계곡(谿谷) 장유(張維 1587~1638)는 조선중기 한문사대가의 한 사람으로, 인용문과 같이 신기루에 관한 기록을 남겼다. 삼신산에 신기루(蜃樓)라는 누각이 있는데, 이는 갑각류 족속(介族)들이 신선술을 터득한 후 신선들이 누각을 좋아한다는 것을 알고 조개(蜃)의 기운(氣)을 토해내 만든 환영(幻影)이라고 하였다. 옛 그림 중 갑각류인 세우나 게를 타고 바다를 건너는 신선 그림은 이와 관련이 있다.

방장정(方丈亭)

『사기』의 금과 은으로 이루어진 궁궐과 『열자』의 금과 옥으로 지은 대관(臺觀, 樓臺), 『계곡선생문집』의 번쩍번쩍 빛나는 집 신루(蜃樓)는 모두 신기루(蜃氣樓)를 의미하며, 영주각(瀛洲閣)과 방장정(方丈亭)이 이에 해당한다.

흔히 신기루는 사막에서 나타나는 현상으로 알고 있지만, 신기루는 수증기의 물방울과 햇빛이 만들어 내는 환영(幻影)이다. 수증기가

45) 민족문화추진회 고전번역서.

가장 많은 곳은 물이 많은 곳이며, 물이 가장 많은 곳은 바다이다. 밤새 식었던 바다가 해가 떠오르면서 급격히 온도가 증가하여 수증기를 발생시키고, 그것이 막 떠오르는 햇빛과 만나 신기루를 만들어내는 것이다.

장유는 "정처 없이 떠다니는가 하면 금방 보였다가 사라지곤 하기 때문에 어디에 있는지 지목할 수가 없고, 바라보면 분명히 있다가도 건듯 없어져 버리기 때문에 그 거리를 정확히 잴 수가 없다."고 하였다. 뱃사람들은 그 이유를 큰 자라가 삼신신을 머리에 이고 이리저리 옮겨 다니기 때문이라고 생각한 것이다.

신선사상은 제(齊)나라 때 발생하여 진나라와 한나라 때 크게 유행했다. 때문에 진나라와 한나라의 원림에 호수와 삼신산을 조성했다. 한무제(漢武帝)는 태초원년(太初元年, BC104)에 감천(甘泉)에 건장궁(建章宮)과 태액지(太液池)라는 거대한 연못을 만들고, 연못 안에 20여 길의 점대(漸臺)와 삼신산을 상징하는 세 개의 섬, 오작교(壺梁), 구어(龜魚-金鰲, 금자라)를 배치하였다. 또한 건장궁(建章宮) 안에 백량대(柏梁臺)와 구리로 선인장(仙人掌-신선의 손바닥) 모양의 승로반(承露盤)을 만들어 이슬(甘露)을 받았다고 한다. 이는 모두 신선은 누각을 좋아한다는 방사들의 말에 따른 것이다. 광한루의 경관요수들은 한무제의 건장궁에 조성된 경관요소와 거의 같다.

오작교, 지기석, 은하수, 상한사

삼신산과 오석은 선계(仙界)를 표현하기 위한 경관요소인 반면, 오작교(烏鵲橋)와 지기석(支機夕), 은하수(銀河水), 상한사(上漢槎)는 견우직녀(牽牛織女) 설화와 관련된 경관요소이다.

오작교(烏鵲橋)

은하수 동쪽에 살던 직녀는 옥황상제의 딸 또는 손녀로 홀로 베 짜는 일을 맡아 하고 있었다. 옥황상제가 얼굴을 꾸미지도 않고 짝도 없이 베만 짜느라 고생하는 직녀를 위해 은하수 서쪽에서 소를 치는(목동 또는 농부) 견우와 결혼을 시켰다. 직녀는 결혼한 후 신혼 재미에 빠져 베 짜는 일을 그만두고 오직 몸단장에만 신경을 썼다. 이에 옥황상제가 크게 노하여 은하수 양편에 둘을 갈라놓고 일 년에 한 번 7월 칠석날에만 만나게 하였다.

일 년만에 견우를 만난 직녀는 가슴 속에 쌓였던 슬픔과 사연을 다 풀어 내기도 전에 날이 새고 이별의 순간이 다가오자 한 없이 눈물만 흘릴 뿐이었다. 직녀의 눈물이 비가 되어 내리자 지상에서는 홍수가 나서 사람과 짐승들이 살 수 없을 정도가 되었다. 이에 까마귀와 까치가 하늘에 날아올라 둘을 만날 수 있도록 만들어 준 다리가 오작교이다.

지기석(支機石)은 직녀의 베틀을 받치는 돌로 광한루 앞의 호수에 있다고 하며, 상한사(上漢槎)는 신선 세계로 갈 수 있는 배를 말한다.

『박물지(博物志)』에 의하면, 한 무제(漢武帝) 때 장건(張騫)이 황제의 명령으로 서역(西域)으로 가던 길에 뗏목을 타고 황하(黃河)를 거슬러 올라가다가 한 성시(城市)에 이르렀는데, 한 여인은 방 안에서 베를 짜고, 한 남자는 소를 끌고 은하(銀河)의 물을 먹이고 있는 것을 보았다. 장건이 그들에게 여기가 어디냐고 묻자 여인이 장건에게 지기석 하나를 주면서 성도(成都)의 엄군평(嚴君平)에게 물어보라고 하였다. 이에 성도로 돌아와 엄군평을 찾아가 지기석을 보이자 엄군평이 말하기를 "이것은 직녀(織女)의 지기석(支機夕)이다. 아무 연월일(年月日)에 객성(客星)이 견우(牽牛), 직녀를 범했는데, 지금 헤아려보니 그때가 바로 이 사람이 은하에 당도한 때였도다."라고 했다는 전설이 있다. 장건이 탔던 뗏목이 바로 상한사(上漢槎)이다. 한(漢)은 은한(銀漢) 즉 은하수를 의미하며, 사(槎)는 뗏목으로, 상한사는 은하수로 올라갈 수 있는 신선의 뗏목(또는 배)을 의미한다.

상한사(上漢槎)

一帶長河學漢流 한 줄기 긴 강물 은하를 닮았고
河邊仍有廣寒樓 강가에는 여전히 광한루가 있구나
支機石在苔紋古 지기석엔 오래된 이끼가 끼었고
聚鵲橋空月色秋 텅 빈 취작교에 쓸쓸한 가을 달빛만 비치네
堤上遊姬疑織女 둑 위에 노니는 여인은 직녀요

野中耕豎是牽牛 들에서 밭가는 사내는 견우로다
乘槎世遠無消息 뗏목 타고 간 후 오랜 세월 소식이 없으니
誰識當年博望侯 당시의 박망후를 누가 알겠나
이수광(李晬光, 1563-1628) 『지봉집』 제18권 〈오작교(烏鵲橋)〉

天上淸虛白玉樓 천상 월궁의 백옥루
鵲橋南畔放蘭舟 오작교 남쪽엔 조각배요
河邊一片支機石 물가엔 지기석 하나
倘記當年博望侯 당시의 박망후가 생각나네
신익황(申益愰 : 1672-1722) 『극재집(克齋集)』 〈廣寒樓戱題〉

현재 광한루원에서는 지기석을 확인할 수 없다. 하지만 위 시에 나타나는 바, 조선시대에는 지기석이 드러나 있었음을 알 수 있다.

이수광의 시는 광한루에 올라 바라본 경치를 노래하고 있다. 기구(起句)에서는 강과 광한루를 노래하고 있는데, '한 줄기 긴 강물(一帶長河)'이라는 표현으로 보아, 오늘날과 같은 호수의 형태가 아니라 긴 강의 모습이었던 것으로 보인다. 오늘날과 같은 형태의 호수는 1969년에 확장된 모습이며, 이 때 지기석이 물에 잠긴 것으로 보인다.

승구(承句)에서는 이끼 낀 지기석과 텅빈 취작교(오작교)를 통해 세월의 유구함과 견우와 직녀의 슬픈 사연을 떠올리며 애상에 젖은 화자의 심정을 노래하고 있다.

전구(轉句)에는 둑 위에 노니는 여인과 들에서 밭을 가는 사내를 통해 견우와 직녀를 떠올린다. 백성들의 모습을 신선에 비유한 것이라는 점에서 태평성대를 노래한 것이라 할 수 있다.

그런데 여기에서 주목되는 점은 애초에 오늘날과 같은 담장이 없었다는 점이다. 광한루에서 백성들의 모습이 보이려면 담장이 없

어야 하기 때문이다. 이는 앞서 살펴본 신흠의 〈광한루기〉를 통해 서도 알 수 있다. 〈광한루기〉에는 "호수 밖에는 넓은 평야, 긴 모래밭, 낭떠러지, 기이한 바위 그리고 도서(島嶼) · 화죽(花竹)이 있어 흡사 청성산(青城山)의 동천(洞天) 속과 같다."라고 하여, 호수 너머로 보이는 풍경을 노래하였다.

현재의 담장은 1960년대 이후 진행된 광한루원 경역 확대 및 정비 과정에서 설치된 것으로 보인다. 그러나 광한루원의 담장은 태평성대의 상징이라는 광한루 본래의 의미와 어울리지 않는다. 유가에서 태평성대는 본업에 힘쓰며 풍요를 구가하는 백성들의 모습을 통해 구현되기 때문이다.

결구(結句)에서는 뗏목을 타고 황하를 거슬러 올라가다가 견우와 직녀를 만났다는 장건(박망후는 그의 호)을 떠올리며 작품을 마무리하고 있다. 이는 선계에 오르고 싶은 화자의 바람을 표현한 것이라 할 수 있다.

광한루와 춘향(春香)

광한루하면 가장 먼저 떠오르는 것이 〈춘향전〉이다. 광한루는 태평성대의 상징이며 좋을 일을 축하하기 위한 놀이의 공간으로, 그것을 천상의 유토피아로 표현한 공간이라는 점에서 매우 낭만적이고 환상적인 공간이라 할 수 있다. 그 중 오작교는 옥황상제의 벌로 은하수를 사이에 두고 이별한 후 까막까치의 도움으로 어렵게 조우한 견우직녀 설화를 담고 있다. 이들의 만남은 고난을 이겨내고 사랑을 이룬 남녀 간의 이야기를 담고 있다는 점에서 신분의 벽을 넘어 아름다운 사랑을 이루어졌던 춘향과 이도령의 이야기가 나올 수 있는 문화적 배경이 되었다고 할 수 있다.

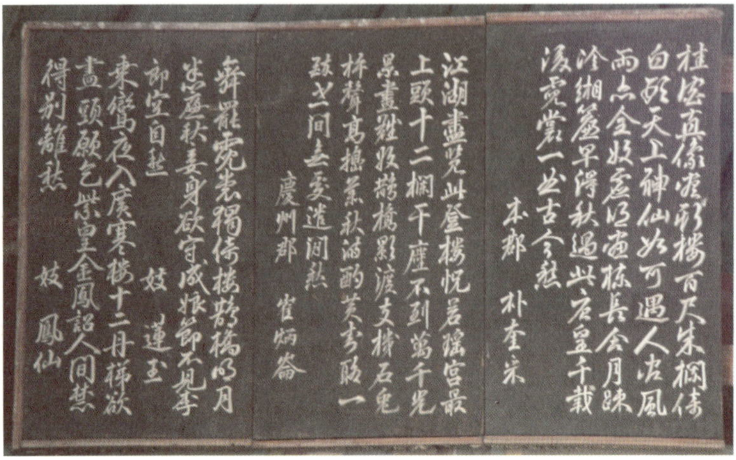

桂洒眞像盡斯樓 계주의 참모습이 이 누각에 모두 있고
百尺朱欄儔白頭 백 척의 붉은 난간은 백두(白頭)와 짝이로다
天上神仙如何遇 천상의 신선을 어떻게든 만난다면
人間風雨亦全收 인간의 풍우를 모두 거두어들일 텐데
虛明畫棟長含月 허명한 그림기둥은 달빛을 길게 머금었고
疎冷緗簾早得秋 성기고 차가운 비단 주렴은 벌써 가을이네[46]
過此唐皇千載後 당 황제 이승을 살다 간 지 천 년이 지났건만
霓裳一曲古今愁 예상곡은 예나 지금이나 시름겹네[47]

本郡 朴奎采(본군 박규채)

江湖盡覽此登樓 강호가 다 보이는 이 누각에 오르니
怳若瑤宮最上頭 요궁[48] 꼭대기에 오른 듯 황홀하네

---

46) 왕발(王勃)의 시 〈등왕각(滕王閣)〉에 "화려하게 채색된 용마루엔 아침 남포의 구름이 날고, 붉은 주렴은 저녁에 서산의 비를 거둔 듯하네. 畫棟朝飛南浦雲 朱簾暮捲西山雨"라는 표현이 있음. 화동과 주렴은 화려한 누대(樓臺)를 의미함.

47) 〈예상우의곡(霓裳羽衣曲)〉은 당현종(唐玄宗, 唐明皇)이 지은 곡으로, 양귀비(楊貴妃)가 즉석에서 노래를 부르며 춤을 추었다고 함.

十二欄干塵不到 십이 난간엔 홍진(紅塵)[49]이 이르지 못하고
萬千光景畵難收 천만 광경은 그림으로 다 그릴 수 없네
烏鵲影渡支機石 오작교의 그림자 지기석[50]을 건너고
兎杵聲高搗彙秋 토끼의 높은 절구 소리 풍요로운 가을을 찧네
滿酌黃封聊一醉 황봉주 가득 부어 한껏 취하니
世間無處遣閒愁 속세에선 한가한 시름 씻을 곳 없네

慶州郡 崔炳崙(경주군 최병륜)

위 현판의 광한루에 있는 것으로, 남원군의 박규채와 경주군의 최병륜이라는 사람이 기녀 연옥, 봉선과 함께 풍류를 즐기며 주고받은 시가 새겨져 있다.

첫 번째 작품인 박규채는 시의 내용으로 보아, 벼슬을 하지 않고 초야에 묻혀 지내는 인물(白頭)이다. 달이 휘영청 밝고 소슬한 가을날 친구와 함께 광한루에 올라 신선의 술인 계주(桂酒)를 마시며 양귀비가 불렀다는 〈우의예상곡(羽衣霓裳曲)〉을 들으며 시름에 잠겨 있다. 계주는 계피를 넣어 담근 술로, 제주(祭酒)로 쓰이는 좋은 술인데, 위 시에서는 항아(姮娥)라는 선녀가 살고 있는 달의 계수나무로 만든 술을 연상시킨다는 점에서 신선 세계인 광한루에 어울리는 술이라 할 수 있다.

두 번째 최병륜의 시도 광한루를 선계로 표현하고 있는데, 그림으로 다 표현할 수 없을 정도로 풍경이 아름답다고 하였다. 달을 보며 토끼의 절구소리와 풍요로운 가을을 연상함으로써 태평성대를 표현하였다. 이 작품에서는 황봉주(黃封酒)를 마신다고 했는데, 황봉주는 관청에서 빚은 후 황색 비단이나 종이로 봉한 술로 계주와

48) 신선이 사는 천상의 궁전.
49) 부귀공명을 탐내는 세속적 욕망.
50) 직녀가 베를 짤 때 베틀이 움직이지 않도록 받쳤다고 하는 돌.

마찬가지로 좋은 술을 의미한다.

두 사람의 시는 달 밝은 가을날 좋은 술과 기녀의 아름다운 춤과 노래를 감상하며 흥취를 즐기는 옛사람들의 풍류를 담고 있다.

반면 기녀들의 시는 두 남성에게 은근한 추파를 보내는 내용을 담고 있다.

舞罷霓裳獨倚樓 〈霓裳舞〉를 마치고 홀로 누각에 기대니
鵲橋明月半簾秋 오작교에 가을달이 밝아 주렴을 걷었네
妾身欲守成娘節 첩은 성춘향의 절개를 지키고자 하나
不見李郎宜自愁 이도령을 못 만난 것 슬프네

妓蓮玉(기녀 연옥)

乘鸞夜入廣寒樓 난새를 타고 밤에 광한루에 드니
十二丹梯欲畵頭 열두 개의 붉은 난간 그림 같구나.
願乞紫皇金鳳詔 원컨대 옥황상제께서는 윤음[51]을 내리시어
人間禁得別離愁 인간세상의 이별 슬픔 없게 하소서.

妓鳳仙(기녀 봉선)

기생 연옥의 작품에서는 〈우의예상곡〉에 맞춰 춤을 춘 후 홀로 광한루 기둥에 기대어 오작교에 비친 달을 서글프고 쓸쓸하게 바라보고 있다. 〈예상무(霓裳舞)〉를 췄다는 것은 자신이 선녀라는 의미이며, 서글퍼하는 이유는 나머지 두 행에 있다. 연옥은 성춘향의 절개를 지키려고 해도 지금까지 이도령과 같은 멋진 남성을 못 만났기에 슬프다고 하였다. 이는 광한루에서 함께 풍류를 즐기고 있는 자신의 파트너야 말로 아름다운 인연을 맺어 절개를 지킬만한

51) 황제가 내린 명령, 조서(詔書).

멋진 남자임을 은유적으로 표현한 것이다.

기생 봉선의 시도 난새를 타고 광한루에 들어왔다고 함으로써 자신을 선녀로 표현하였다. 옥황상제께 인간세상의 이별이 없도록 윤음을 내려달라는 전구(轉句)와 결구(結句)의 내용도 박규채나 최병륜과의 인연이 영원하기를 바라는 마음을 표현했다는 점에서 연옥의 시와 주제가 같다고 할 수 있다.

위의 시 네 편은 광한루에 담긴 선계의 이미지와 루(樓)가 가진 태평성대의 이미지, 그리고 견우와 직녀, 춘향과 이도령의 사랑 등 광한루의 의미와 이미지를 가장 적실하게 표현한 시라 할 수 있다.

신광한의 시52)에 나타난 바, 광한루는 밤의 누각이다. 하얀 달빛이 만 리를 비추고, 호수에는 밝은 달빛과 어우러진 물안개가 엷게 펴져 있다. 그 위를 오작교가 가로지르고 있고, 그 끝에 아스라이 광한루가 보인다. 이런 환상적인 풍광은 밤에 광한루에 올라가서 봐야만 만끽할 수 있기 때문이다. 이 광경이야말로 옛 선현들이 광한루를 통해 구현하려 했던 천상 세계의 모습이기 때문이다.

하지만 애석하게도 현재 광한루는 계단 입구에 '관계자 외 출입 금지'라는 표지판과 함께 특별한 경우가 아니면 밤에는 개방하지

---

52) 桂苑天香入座馡 계원의 천향이 온 좌석에 향기로워
夜來環珮共忘歸 밤이 되도 패옥은 모두 돌아가길 잊었네
玄霜幾搗千年藥 현상을 몇 번 찧어 천년의 약을 만들었나
白月長開萬里輝 하얀 달은 만 리의 빛을 오래도록 열었네
沆瀣細連銀漢淨 물안개는 맑은 은하수에 가늘게 이어져 있고
樓臺迥壓玉虹飛 광한루는 날 듯 한 오작교 저 멀리 있네
何緣一向成都卜 어찌하면 성도의 점쟁이를 한 번 찾아가
簾肆誇將織女機 주렴을 친 가게에서 직녀의 지기석을 자랑할까
신흠(申欽, 1566~1628), 『상촌선생집』 제12권 〈남원 광한루에 모여 술자리를 벌이다(會酌南原廣寒樓)〉.

않기 때문에 광한루에 오르지도, 달빛과 물안개가 어우러진 선계의 환상적인 풍경을 볼 수도 없다.

사람의 온기가 닿지 않는 건물은 쉽게 퇴락하고 만다. 광한루를 제외한 전국의 누각은 대부분 올라갈 수 있도록 개방하였다. 하지만 유독 광한루만은 위압적인 경고문과 굳은 자물쇠로 일반인의 출입을 금지하고 있다. 이는 루(樓)라는 건축물을 사용자의 입장에서 감상하는 것이 아니라 관찰자의 입자에서 박제화된 유물로 보는 시각 때문에 초래된 결과이다. 하루라도 빨리 광한루의 진면목을 볼 수 있는 날이 오기를 고대한다.

3.2. 죽서루(竹西樓)

(1) 죽서루의 연혁

삼척시로 들어가서 태백방면으로 꺾어지면 왼쪽에 죽서루가 있다. 죽서루는 보물 제213호로, 삼척시의 서쪽을 흐르는 오십천(五十川)이 내려다보는 절벽 위에 자리하고 있으며, 예로부터 관동팔경의 하나로 꼽혔다.

창건연대는 정확히 알 수 없으나 고려 충렬왕 때 이승휴[李承休: 1224(고종 11)~1300(충렬왕 26)]가 고려 원종 7년(1266) 서루에 올라 시를 남겼다는 기록으로 보아 그 이전에 창건된 것으로 추정하고 있다. 누 동쪽 죽림에 죽장사가 있어 죽서루라 명명하였다고도 하고, 누 동쪽에 명기 죽죽선녀의 집이 있어 죽서루라 하였다고도 한다.

조선 태종 3년(1403) 삼척부사 김효손[金孝孫: 1373(공민왕 22)~1429(세종 11)]이 중창한 이래 10여 차례 중수가 있었다. 누의 남쪽에는 별관인 연근당 등이 있었다고 하는데, 지금은 초석만 남아 있다.

오십천 층암절벽 위에 세운 이 누는 자연암반을 초석으로 삼고 암반의 높이에 맞춰 길고 짧은 기둥을 세웠다. 조선시대 계정 중에는 자연 암반을 고르지 않고 그대로 초석을 쓰고 있으며, 대신 기둥을 바위의 결에 맞게 다듬어 쓴 경우가 많다. 이는 자연을 훼손하지 않는 조선시대 사대부의 자연친화적 특성을 나타내며, 건축적으로는 바람이나 지진에도 흔들리지 않는 공학적 배려가 숨어 있다고 한다.

서액 중 '제일계정(第一溪亭)' 은 현종 3년(1662) 부사 허목이 쓴 것이고 '죽서루(竹西樓)'와 '관동제일루(關東第一樓)'는 숙종 37년(1711) 부사 이성조가 썼으며, '해선유희지소(海仙遊戱之所)'는 헌종 3년(1837) 부사 이규헌이 쓴 것이다. 이 밖에 숙종(1674~1720), 정조(1776~1800)와 율곡 이이(1536~1584) 등 많은 명사들의 시액이 걸려 있다. 두타산의 푸른 숲, 굽이쳐 흐르는 오십천 기암절벽 등과 어우러져 절경을 이루고 있다.

竹西樓

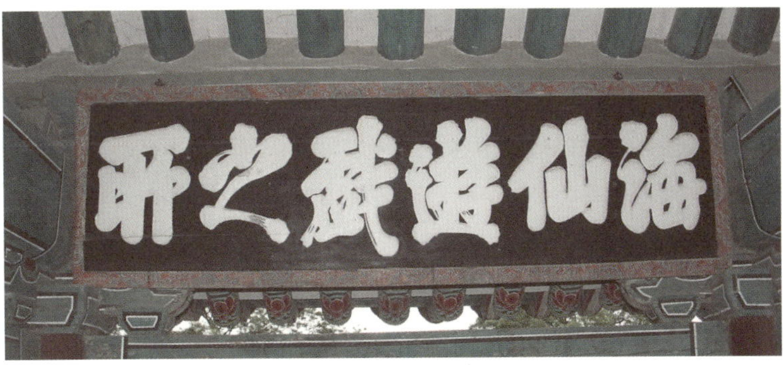
海仙遊戱之所

(2) 죽서루의 문화적 의미

竹西樓記(죽서루기) 『記言』 卷十三 眉叟 許穆(1595~1682)

동쪽에는 이름난 명소가 많아 절경이 여덟이니, 통천 총석정, 고성 삼일포 해산정, 수성 영랑호, 양양 낙산사, 명주 경포대, 척주 죽서루, 평해 월송정이 그것이다. 유람하는 사람들이 유독 죽서루를 제일이라 한다. 모두 대관령 바깥 바닷가 주현으로, 동쪽 끝은 대해이며 그 바깥은 끝이 없다. 해와 달이 다투어 솟아오르고, 괴이한 기운이 가득하며 해안에는 모래로 가득 차 있다. 어떤 곳은 물이 돌아들어 큰 못을 이루었고, 어떤 곳은 촘촘히 모여 기암이 되었으며, 어떤 곳은 울창하게 송림을 이루었다. 습계(강원도 통천군 흡곡면) 이북에서 시작하여 기성(경북 울진군 기성면) 남쪽 경계에 이르기까지의 칠백 리가 대부분 그러하다.

유독 죽서루의 승경은 바다와 격절되어 높은 봉우리와 깎아지른 벼랑이 있다. 서쪽에는 두타산과 태백산이 있으니, 높고 험하며 산기운과 푸른빛이 가득하고 험한 봉우리가 아득하다. 큰 내가 동쪽으로 흐르니 오십 굽이가 꺾였다. 사이사이에 우거진 숲이 있는데, 숲기운(아지랑이)이 가득하다. 죽서루 아래에 이르면 층암절벽이 천 길이나 되고,

맑은 못과 여울이 그 아래서 소용돌이를 친다. 해질 녘에는 초록 빛 물결이 일렁이고, 맑고 고운 물빛이 암벽을 비춰 별천지를 이룬다. 큰 바다의 모습과 더불어 독특한 절경을 이루니 유람하는 사람들이 이것을 즐긴다고들 말한다.

삼척부의 고사를 상고컨대 루를 언제 지었는지는 모른다. 영락 원년(1403)에 부사 김효손이 폐허를 고치고 이 누를 지었고, 홍희 원년(1425)에 부사 조관이 단사를 입혔으며, 그 후 46년이 지난 성화 7년(1471)에 부사 양찬이 중수하였다. 가정 9년(1530) 부사 허확이 남쪽 처마를 증축하였고, 또 그 후 61년만인 만력 19년(1591)에 부사 정유청이 다시 중수하였다. 태종 영락원년(1403) 계미로부터 강희 원년(1662)에 이르기까지 260여년이 되었으니, 누 아래쪽에는 죽장사라는 오래된 절이 있고 누가 죽장사의 서쪽에 있기에 '죽서루'라고 이름한 것이라고들 하니, 이에 그것을 기록하여 죽서루기로 삼는다.

죽서루 집경시

일반적으로 누정 관련 한시를 누정제영(樓亭題詠)이라고 부른다. 그런데 누정제영 중 8, 10, 12영(詠)과 같은 형태로 지어진 작품들이 있다. 이를 '집경시(集景詩)'라고 한다. 따라서 집경시도 제영의 일종이라 할 수 있다.

누정제영 중 집경시가 특히 주목되는 것은 그것이 당대의 문화코드 *Cultural code*를 활용하여 누정이 지향하는 바를 표현하고, 이것들이 모여 누정 경영자가 희원하는 세계를 구성하기 때문이다.

죽서루도 일반적인 제영뿐만 아니라 '팔영(八詠)'으로 구성된 집경시를 가지고 있다.

謹齋集 卷一

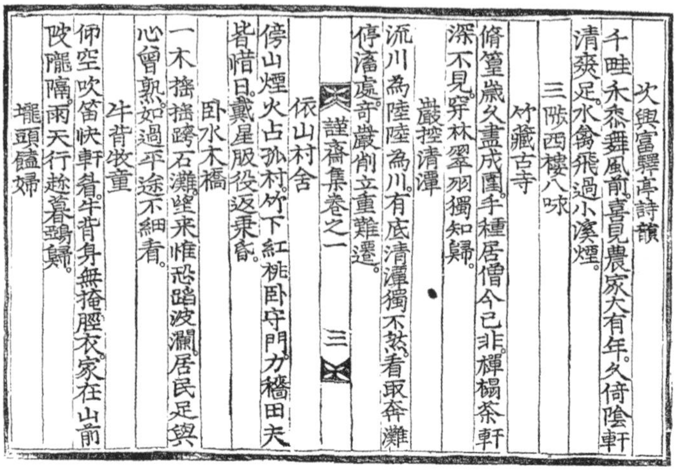
次與富驛亭詩韻
千畦禾黍舞風前。喜見農家大有年。久倚陰軒
清爽足。水禽飛過小溪煙。
三陟西樓八咏
竹藏古寺
脩篁歲久盡成圍。手種居僧今已非。禪榻茶軒
深不見。穿林翠羽獨知歸。
巖控清潭
流川爲陸陸爲川。有底清潭獨不然。看取奔灘
停滀處。奇巖削立重難遷。
謹齋集卷之一　三
依山村舍
傍山煙火古孤村。竹下紅桃卧守門。力穡田夫
皆惜日。戴星服役返乘昏。
卧水木橋
一木搖搖跨石灘。望来惟恐蹈波瀾。居民足與
心曾熟。如過平途不細看。
牛背牧童
仰空吹笛快軒眉。牛背身無掩脛衣。家在山前
陂隴隔。雨天行趁暮鷄歸。
壟頭饁婦

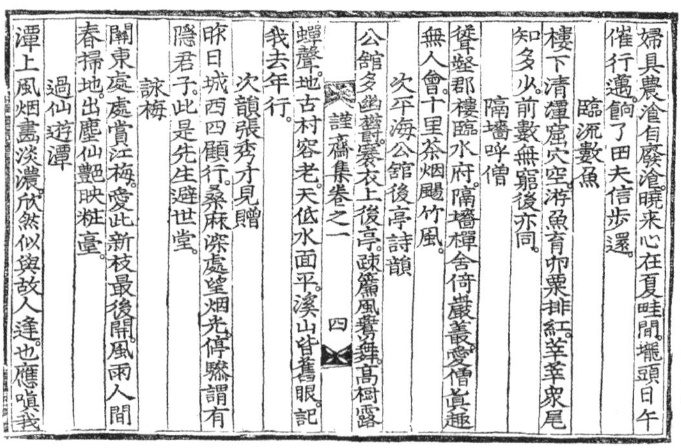
婦具農飡自廢飡。曉来心在夏畦間。壟頭日午
催行邁。餉了田夫信步還。
臨流數魚
樓下清潭窟穴空。游魚育育粟排紅。莘莘衆尾
知多少。前數無窮後亦同。
隔墻呼僧
聳壑郡樓臨水府。隔墻禪舍倚巖叢。愛僧眞趣
無人會。十里茶烟颺竹風。
次平海公館後亭詩韻
公館多幽趣。褰衣上後亭。疎簾風翥舞。高樹露
蟬聲。地古村容老。天低水面平。溪山皆舊眼。記
謹齋集卷之一　四
我去年行。
次韻張秀才見贈
睞日城西四顧行。桑麻深處望烟光。停驂謂有
隱君子。此是先生避世堂。
詠梅
關東處處賞江梅。愛此新枝最後開。風雨人間
春掃地。出塵仙艶映粧臺。
過仙遊潭
潭上風烟畫淡濃。欣然似與故人逢。也應嗔我

四五二

안축 〈삼척서루팔영〉

죽서루 집경시로는 안축(安軸 : 1282~1348)의 〈삼척서루팔영(三陟西樓八詠)〉과 이를 차운한 이곡(李穀 : 1298~1351)의 〈차삼척서루팔영(次三陟西樓八詠)〉, 최연(崔演 : 1503~1549)의 〈차안근재삼척팔영운(次安謹齋軸三陟八詠韻)〉, 그리고 이달충(李達衷 : 1309~ 385)의 〈삼척팔경(三陟八景)〉, 이곡의 시를 차운한 서거정(徐居正 : 1420~1488)의 〈삼척죽서루팔영(三陟竹西樓八詠)〉, 성현(成俔 : 1439~1504)의 〈삼척죽서루팔영(三陟竹西樓八詠)〉, 신광한(申光漢 : 1484~1555)의 〈죽서루팔영(竹西樓八詠)〉 등이 있다.

그러면 안축(安軸 : 1282~1348)이 강릉도존무사(江陵道存撫使)로 재직(1330~1331)할 당시 썼던 〈관동와주(關東瓦注)〉에 수록된 〈삼척서루팔영(三陟西樓八詠)〉[53]을 중심으로 집경시의 구성과 지향을 살펴보도록 하겠다.

① 화자의 삶 – 탈속(脫俗)과 수기(修己)

팔영(八詠) 중 절이나 승려와 관련된 것은 '죽장고사(竹藏古寺)'와 '격장호승(隔墻呼僧)'이다. 먼저 '죽장고사'를 살펴보자.

脩篁歲久盡成圍 대숲이 오래 되어 사방에 빽빽하고
手種居僧今已非 손수 심은 스님 지금은 없네
禪榻茶軒深不見 선탑과 다헌은 보이지 않고
穿林翠羽獨知歸 숲 속으론 푸른 새만 돌아올 줄 아네

'죽장고사'라는 제목은 대숲 안에 있었던 옛 절이라는 의미로, 죽장사(竹藏寺)를 가리킨다. 이 시의 초점은 스님과 절에 맞추어져 있다. 시인은 빽빽하게 들어찬 대숲을 보며, 그 안에서 살았던 스님과 절을 생각한다. 하지만 대를 심은 스님과 그의 흔적은 보이지

53) 『謹齋先生集』 卷之一. 〈關東瓦注〉.

않고 푸른 새들만이 둥지를 찾아 돌아올 뿐이다. 대를 심고 가꾸며 탈속한 삶을 살았던 스님은 역사 속으로 사라지고 그 자리를 무성한 대숲과 산새가 대신하고 있는 것이다. 시인은 영원한 자연과 유한한 인간의 삶을 대비시킴으로써 세월의 무상함을 이야기하였다.

그러나 안축의 시에 차운한 이곡의 〈차삼척서루팔영(次三陟西樓八詠)〉에서는 관심의 초점이 대나무에 맞추어져 있다.

> 愛竹何須問徑圍 대를 사랑함에 어찌 이유를 물을 필요 있으랴
> 此君稱謂未應非 '차군'이라 일컬은 말 잘못됐다 못 하리라
> 招提翠密不知處 대숲이 우거져 절간은 어딘지 알 수가 없고
> 唯見斜陽僧獨歸 석양에 홀로 돌아가는 스님만 보일 뿐[54]

대를 사랑하는 데는 이유가 없으니 왕희지가 대나무를 사랑하여 '차군(此君)[55]'이라고 부른 것에 전적으로 공감하겠다고 하였다. 고사(古寺)와 승려(僧侶)는 대나무의 고고하고 탈속한 군자적 면모를 부각시키는 배경에 불과하다. 즉 '죽장고사'는 서루(西樓=죽서루)가 자리 잡은 공간(近景)의 탈속성을 표현하기 위해 동원된 소재라 할 수 있다. '죽장고사'의 이와 같은 이미지는 이달충과 성현[56]의 작품에서도 마찬가지로 나타난다. 서거정[57]이나 신광한, 최연 등의

---

54) 『가정집(稼亭集)』 제20권(第二十卷). 이하 같음.
55) 차군(此君)은 대나무의 별칭으로, 대나무를 친구처럼 표현한 것이다. 진(晉)나라 때 왕휘지(王徽之)가 대나무를 좋아하여 "하루도 이 자 없이는 살아갈 수 없다.[何可一日無此君]"라고 말한 데에서 유래한 말이다.
56) 옥같이 솟은 대나무숲 비에 씻겨 푸르고 / 성긴 숲 속 붉은 처마엔 이슬이 맺혔네 / 맑은 경쇠소리 바람에 멀리 퍼지니 / 스님(闍利)들 공양 후에 경을 읽겠지(玉立千竿雨洗青 疏林缺處露朱欞 冷冷金磬隨風遠 知是闍梨飯後經) 『허백당시집(虛白堂詩集)』 권9. 이하 같음.
57) 뒤얽힌 만 그루 대가 푸르게 둘렀는데 / 옛절은 황량하여 세월을 알 수 없네 / 날

작품에서는 세월의 흐름이 좀 더 강조되어 나타나기는 하지만, 여전히 공간의 탈속성은 강조되어 있다.

안축의 작품에서 탈속성과 고고함은 '격장호승(隔墻呼僧)'에서 나타난다.

> 聳壑郡樓臨水府 골짜기 위의 누각들 물을 굽어보고
> 隔墻禪舍倚巖叢 담 너머 절집은 바위에 의지해 있네
> 愛僧眞趣無人會 스님의 진취가 호젓한 데 있음을 좋아하니
> 十里茶煙颺竹風 십리에 퍼진 다연이 대나무 바람에 날리네

'격장호승(隔墻呼僧)'은 '담장을 사이에 두고(너머로) 스님을 부르다'라는 뜻이다. 속인들을 멀리하고 차를 다리며 심신을 닦는 승려의 모습은 '죽장고사(竹藏古寺)'의 대나무나 승려의 모습과 다르지 않다. 다른 작품들에서도 도풍을 지닌 탈속한 승려와 교유하는 모습을 제시함으로써 화자의 탈속한 생활을 표현하고 있다.[58]

저물고 구름 깊어 알 수 없는 곳에 / 스님은 어디서 보시 양식 받아 돌아오는고(摐摐萬竹翠成圍 古寺荒涼歲月非 日暮雲深不知處 居僧何處化糧歸)(서거정). 『사가시집(四佳詩集)』 권2. 이하 같음.

58) 관사와 승방은 겨우 벽 하나 사이인데 / 섬돌의 꽃과 창가의 대가 한 무리를 이뤘네 / 누대에 오를 짝이 없어 그냥 불렀을 뿐 / 태전(太顚) 스님처럼 도풍이 있어서가 아니라오(官舍僧房纔隔壁 砌花窓竹共成叢 上樓無偶聊相喚 非爲顚師有道風)(이곡).
면벽참선하는 선승 숲에 있고 / 누에 오른 객은 꽃을 보고 있네 / 서로 부르며 서강의 달빛에 취했으니 / 세속의 바람을 털어낼 필요가 없네(面壁禪僧參柏樹 登樓客子對花叢 相呼共醉西江月 未要徒揮一塵風). (이달충).
산승은 수운굴에서 나오지 않고 / 속객은 오래토록 공무에 시달렸네 / 스님 불러와 마주 앉으니 / 다연이 맑은 바람에 가늘게 피어오르네(山僧不出水雲窟 俗客長昏簿領叢 喚得歸來坐相對 茶煙細細颺淸風). (서거정).

다음은 '암공청담(巖控淸潭)'이다. 안축은 깎아지른 듯 서 있는 기암(奇巖)에 초점을 맞추었다.

流川爲陸陸爲川 흐르는 내가 땅이 되고 땅이 내가 되지만
有底淸潭獨不然 아래 있는 맑은 못만은 그렇지 않네
看取奔灘停滀處 거센 여울 머물러 모인 곳을 보니
奇巖削立重難遷 깎아지른 기암이 육중하여 옮기지 못하네

'암공청담(巖控淸潭)'은 '바위가 맑은 못을 끌어 당긴다'라는 뜻이다. 내가 흘러 땅이 되고 땅이 다시 내가 되는 것이 일반적인 이치인데, 누각 아래 기암절벽만은 거센 물결(奔灘)에도 꿈쩍하지 않고 오히려 물을 당겨 머물러 모이게 한다. 물은 일반적으로 자연의 이치를 나타내지만, 이 작품에서는 외부적인 힘(流)의 의미로 사용된 것으로 보인다. 따라서 깎아지른 기이한 바위는 어떤 힘에도 움직이지 않는 굳건함을 표현한 것이며, 이익에 따라 조변석개하는 세태에 대한 비판의 의미도 담고 있다. 이런 이미지는 이달충[59]과 신광한[60], 최연[61]의 작품에서도 나타난다.

---

59) 깎아지른 절벽이 힘찬 냇물을 막으니 / 냇물이 못이 되어 아득히 넓어졌네 / 물고기는 바람과 우레를 만나 변했다는데 / 사람은 세월 따라 몇 번이나 변할까(巖巖崖石禦奔川 川却爲潭轉淼然 魚得風雷潛變化 人隨歲月幾推遷). (이달충)

※ 중국 진(晉)나라 도간(陶侃)이 젊었을 때 뇌택(雷澤)에서 고기를 잡다가 그물로 베틀의 북(梭)을 건져올렸는데, 벽에 걸어 놓았더니 잠시 후 우레가 치고 비가 내리자 스스로 용이 되어 하늘로 날아갔다고 함(侃少時漁於雷澤 網得一織梭 以挂于壁 有頃雷雨 自化爲龍而去)[진서(晉書) 도간(陶侃)].

60) 부딪히는 물결과 역류하는 물결이 소용돌이를 만들지만 / 수많은 옥 같은 봉우리는 옛날과 같네 / 처음엔 괴이하게도 푸른 용이 와 물을 마시더니 / 갑자기 구름 그림자가 거울 속으로 옮겼네(衝波逆浪作回川 萬玉崚嶒蓋古然 初怪蒼龍來飮水 忽驚雲影鏡中遷). 『企齋集』 別集 卷二. 이하 같음.

그러나 이곡의 작품에서는 백성들의 순후한 풍속과 관련되어 있으며,[62] 서거정은 성군[교룡(蛟龍)]이 태평성대를 구현하기를 바라는 마음을 표현하고 있고,[63] 성현은 물과 산이 어우러져 만들어내는 아름다운 자연의 조화에 초점을 맞추고 있다.[64]

이상에서 살펴본 바, 안축은 '암공청담'에서 절벽의 굳건함을 통해 화자의 지조와 세태를 표현했으며, 많은 작품들이 이와 같은 이미지를 계승하였다. 반면에 이곡과 서거정은 관료로서의 직분에 초점을 맞추었다. 이곡과 서거정의 작품은 치화의 상징으로서의 루의 성격이 보다 강하게 나타난 것으로 볼 수 있다.

다음은 '임류수어(臨流數魚)'를 보자.

樓下淸潭窟穴空 누 아래 맑은 못에 텅 빈 굴 있는데
游魚育卵粟排紅 고기가 키우는 알이 좁쌀처럼 붉네
莘莘衆尾知多少 우글거리는 지느러미 얼마나 많은지
前數無窮後亦同 앞에도 셀 수 없고 뒤에도 셀 수 없네

61) 벼랑 아래 깊은 못에 온 내가 모여 / 맑은 가을 물결이 바닥까지 푸르네 / 공은 오로지 지주에 있어 조금의 띠끌도 없는데 / 인세에선 분분하게 기회를 보아 변하네(巖下深潭會百川 秋波澈底色蒼然 功全砥柱終無壞 人世紛紛幾變遷). 『艮齋先生文集』 卷之四.

62) 바위 밑에 만들어진 못, 이곳이 큰 물이라 / 바위 꼭대기에서 내려다보니 아득하네 / 고을 사람 못 속의 달을 잡으려 하니 / 순후한 풍속 변치 않음을 알겠구나(巖底成潭是大川 巖頭直下視茫然 州人欲取潭心月 知有淳風不變遷).

63) 못의 수량이 많아 냇물을 삼킬 듯 / 굽어보면 새파랗고 우러르면 아득하네 / 교룡이 깊은 곳에 숨었을 터이니 / 언제나 한 번 비구름을 쫓아 올라갈런고(潭如有量欲呑川 下視蒼茫上渺然 知有蛟龍泓處隱 何曾一逐雨雲遷).

64) 물속의 그림 같은 병풍 산 남쪽을 품었고 / 용과 호랑이가 솟아올라 푸른 산을 꽂았네 / 바위틈엔 온갖 꽃이 난만히 피어 / 수면 가득 붉은 그림자가 어지러이 드리웠네(畫屛低列抱山南 龍虎騰挐插翠嵐 巖罅雜花開爛漫 滿空紅影落毿毿).

'임류수어(臨流數魚)'는 '물가에서 고기의 숫자를 세다'라는 의미로, 유가의 대표적 수양방식인 '관어(觀魚)'를 표현한 것이다. '관어'는 자연물인 물고기를 관찰함으로써 자연의 이치를 깨닫는 사대부의 대표적인 수양방법이다. 때문에 수기(修己)에 힘쓰는 사대부의 모습을 표상하는 문화코드로 자리를 잡았다.

'관어(觀魚)'와 관련하여 『장자(莊子)』에 다음과 같은 구절이 있다.

> 공자께서 이르시길 "물고기는 함께 물로 가고 사람은 함께 도로 간다. 함께 물로 가는 것은 못을 파주면 먹을 것이 넉넉해지고, 함께 도로 가는 것은 다른 일이 없게 하면 생활이 안정된다. 그러므로 물고기는 강호에서 서로를 잊고 사람은 도(道)에서 서로를 잊는다."고 하였다.[65]

자연과 인간에게 적용되는 도(道)는 같다. 물고기가 잘 살게 하려면 못을 파주면 되는 것처럼 사람들이 잘 살게 하려면 생계를 위해 하는 일 이외에 다른 일-부역이나 전쟁에 동원되는 일 등-을 없애주면 된다고 하였다. 자연의 이치를 인간 세상에 적용한 것으로, 자연과 인간에 적용되는 이치가 동일함을 의미한다. '관어'는 매우 관습적인 코드이기 때문에 모든 작가의 작품들이 대동소이하다.[66]

---

65) 孔子曰 魚相造乎水 人相造乎道 相造乎水者 穿池而養給, 相造乎道者 無事而生定. 故曰 魚相忘乎江湖 人相忘乎道術. 『장자(莊子)』 내편(內篇) 〈대종사(大宗師)〉.

66) 죽서루 아래 맑은 못에 푸른 하늘 어렸는데 / 고기를 보느라 석양이 붉게 물든 것도 알지 못했네 / 앞서거니 뒤서거니 수를 헤아릴 수 없으니 / 둘이라 했다 셋이라 했다 말이 다르네(樓下澄潭浸碧空 觀魚不覺夕陽紅 乍先乍後數難定 爲二爲三言未同)(이달충)
못 아래 고기떼 푸른 하늘로 고개를 드는데 / 물이 맑아 오히려 붉은 비늘이 보이네 / 한 마리씩 가만히 숫자를 세도 즐거움(漁之樂)을 어찌 알까 / 호거에서의 흥이 다른지 같은지 묻고 싶네(潭底群魚鬪碧空 水淸猶可見鱗紅 區區默數何知樂 欲問濠渠興異同).(최연).

이상에서 제시된 4영은 누정에서의 개인적인 생활을 노래한 것으로, 화자가 지향하는 이상적인 삶의 자세라 할 수 있다. 탈속한 승려의 모습이나 대나무, 깎아지른 기암절벽, 관어 등은 모두 당대에 특정한 의미와 결합된 관습적인 표현이며, 이런 점에서 이것들은 모두 하나의 문화코드라 할 수 있다. 4경은 이처럼 관습적인 문화코드들을 이용하여 당대 사대부들이 희구하는 이상적인 삶의 자세를 표현한 것이다.

② 백성들의 삶 - 태평성대(太平聖代)

8영 중 나머지 4영은 모두 백성들의 생활모습이나 그와 관련된 풍경을 담고 있다. 먼저 안축의 '의산촌사(依山村舍)'를 보자.

> 傍山煙火占孤村 밥 짓는 연기 피어오르는 산기슭 외딴 마을
> 竹下紅桃臥守門 대나무 울타리 아래 붉은 복사꽃 문 앞에 떨어졌네
> 力穡田夫皆惜日 열심히 추수하는 농부들 시간이 아까워
> 戴星服役返乘昏 별을 이고 나가 일하다가 황혼에 돌아오네

'의산촌사(依山村舍)'는 '산기슭에 의지한 촌 집'이라는 의미이다. 위 시에서 중요한 코드는 '연화(煙火)'와 '역색(力穡)'이다. '연화'는 밥 짓는 연기로, 조선시대 집경시의 제목으로 사용된 '취연(炊煙-밥 짓는 연기)', '조연(朝煙-아침 밥 짓는 연기)', '모연(暮煙-저녁 밥 짓는 연기)' 등은 백성들의 넉넉한 살림살이를 표상하는 대표적인 문화코드이다. 새벽부터 저물녘까지 열심히 자신들의 생업에 종사하는 백성들의 모습[역색전부(力穡田夫)]도 밥 짓는 연기와 더불어 다른 걱정 없이 자신들의 생업에 종사하며 풍요를 누리는 백성들의

모습을 표상하는 문화코드이다.

이 작품은 바로 이러한 두 가지 문화코드를 통해 태평성대를 구가하는 백성들의 모습을 노래한 것이다. 때문에 이상향을 상징하는 무릉도원의 이미지가 함께 그려진 것이다. 다른 작가들도 모두 '의산촌사'에서 이러한 관습적인 문화코드를 이용하여 태평성대를 노래하고 있다.67)

'농두엽부(壟頭饁婦)'도 생업에 힘쓰는 백성들의 모습을 소재로 하고 있다

婦具農飧自廢飧 부인은 들밥 준비하느라 밥도 못 먹고
曉來心在夏畦間 새벽부터 마음은 여름 밭두둑에 있다네
壟頭日午催行邁 밭머리에 한낮 되자 걸음을 재촉하고
餉了田夫信步還 밭일하는 지아비를 먹이자 한가로이 돌아오네

부인의 마음은 새벽부터 온통 밭에서 일하는 남편에게 있다. 한여름 땡볕 아래서 수고로이 일하는 남편이 행여나 배가 고플까 걱정되어 자신의 끼니조차 잊고 남편의 점심을 준비한다. 전구(轉句)와 결구(結句)에서는 행여 점심이 늦을까 걱정하여 걸음을 재촉하는 모습과 지아비가 식사를 마치자 가벼운 발걸음으로 돌아오는 모습

67) 강 위에는 청산 산 아래는 마을 / 태평연월이라 문도 닫지 않았네 / 백성들이 어찌 강산이 좋은 줄 알랴 / 새벽에 일어나 저물도록 생업에만 힘쓰는데(江上靑山山下村 太平煙火不關門 居民豈識江山好 早起營生直到昏). (이곡).
풍년이라 쌀과 기장 마을마다 풍족하니 / 온 마을이 서로 친해 문도 닫지를 않네 / 막걸리와 누런 닭 안주로 웃고 떠들며 즐기다가 / 달이 뜬 황혼에 취한 분 부축해서 돌아가네(豐年禾黍足村村 里閈相從不閉門 白酒黃鷄饒笑語 歸來扶醉月黃昏). (서거정).
구불구불한 오솔길 산으로 이어져 나뉘었고 / 소나무 끝에 돌아온 새 저물녘에 어지럽네 / 대나무 울타리의 띠집에서 피어 오른 밥 짓는 연기 / 흩어졌다 시냇가 머리에서 한 조각 구름이 되네(脩蟒緣山細徑分 松巓歸雀晚紛紛 竹籬茅宮炊煙起 散作溪頭一片雲). (성현).

이 대비되어 있다. 가족을 위해 생업에 힘쓰는 남편과 그런 남편을 생각하는 부인의 애틋한 마음은 이상적인 가족의 모습이자 태평성대의 표상 중 하나라는 점에서 앞서 살펴본 '의산촌사(依山村舍)'와 동일한 세계를 표현한 것이다

이런 모습은 이곡과 이달충, 성현의 작품에서도 동일하게 나타난다.[68] 이곡의 작품에서는 부부가 서로를 더 잘 먹이려고 노력하는 모습을 세상의 완성으로 보았고, 성현은 전준(田畯)을 등장시켜 민관(民官)의 원활한 유대관계를 강조했으며, 이달충은 백성의 납세 의무를 강조하였다. 이는 모두 자신의 직분에 충실하며 나라와 백성을 생각하는 태도로 태평성대의 표상이라 할 수 있다.

한편 서거정과 신광한의 작품에서는 가난한 살림에도 새벽부터 집과 밭을 오가며 남편을 돕는 부인의 소중함에 초점을 맞추고 있다.[69] 이 작품들은 이데올로기의 측면에서 남편을 공경하는 부인의 모습을 그리고 있다는 점에서 이상적인 부분의 모습을 상징한다.

---

68) 어찌하면 또 더 먹일까 서로 생각하여 / 아내는 들밥을 챙기고 남편은 밭을 가니 세상이 완성되었네 / 미색으로 사람을 섬기면 버림받기 쉬우니 / 예쁜 얼굴은 한 번 가면 돌아오지 않는다네(相思寧復勉加飧 婦餉夫耕了世間 以色事人多見棄 顔華一去不曾還). (이곡).
비 갠 교외에 봄 일이 더뎌 / 명아주 삶고 기장 밥해 동쪽 밭으로 나르네 / 갑자기 전준(권농관)을 만나 서로 인사하며 / 웃으며 기쁘게 술잔 들어 권하네(/雨歇芳郊春事遲 烹藜炊黍餉東菑 忽逢田畯來相迓 一笑欣然擧酒巵). (성현).
부부는 열심히 일하며 공짜 밥 먹지 않으니 / 밭갈이 들밥 먹으러 풀밭에 둘러앉았네 / 가을걷이 생각하며 즐겁게 서로 말하길 / 내지 못한 일 년 세금을 거의 갚을 듯(夫婦辛勤不素飧 餉耕圍坐草萊間 有心秋穫聊相語 欠額年租庶可還). (이달충).

69) 새벽밥 내가고 또 점심을 내가는데 / 들나물과 산고사리 그 중에 섞였네 / 베적삼은 반이나 터졌고 비녀는 굽었지만 / 날마다 밭머리만 오갈 줄 아네(纔饁晨飧又午飧 野蔬山蕨雜中間 布衫半綻荊釵曲 日日田頭解往還).(서거정)
이웃집 닭이 울자 새벽밥을 지어 / 봄갈이하는 높은 밭두둑으로 들밥을 내가네 / 비록 나무 비녀로 서로 공경하지만 / 수레에 싣고 돌아올 사람 다시없다네(隣鷄喔喔具晨餐 往餉春耕斷隴間 縱有荊釵相對敬 更無人載後車還). (성현).
※ 후거(後車)에 싣는다는 것은 극진하게 모신다는 의미임.

다음은 '우배목동(牛背牧童)'으로, '소 등에 탄 목동'이라는 뜻이다. 이 항목은 집경시에서 '○○牧笛'의 형태로 제시되는데, '목적(牧笛)'은 일반적으로 태평성대를 구가하는 백성들의 모습을 표상하는 코드로 사용되었다.

> 仰空吹笛快軒眉 허공을 향해 피리 부는 즐겁고 환한 얼굴
> 牛背身無掩脛衣 소 등에 탄 몸엔 정강이 가릴 옷도 없네
> 家在山前陂隴隔 집은 산 앞의 언덕 너머에 있어
> 雨天行趁暮鴉歸 저물녘 빗속에 갈까마귀를 따라 돌아오네

고개를 들고 하늘을 향해 흥겹게 피리는 부는 기구(起句)의 목동의 모습은 승구(承句)의 가난한 행색과 대비되어 행복이 경제적인 측면에 있지 않음을 이야기하였다. 전구(轉句)와 결구(結句)는 자연의 섭리(갈까마귀가 둥지로 돌아갈 때 함께 돌아옴)에 따라 생활하는 목동의 모습을 그린 것이다. 이 작품도 하루 종일 소를 치다가 저물녘 즐거운 마음으로 집으로 돌아오는 목동을 통해 걱정 없이 생업에만 힘쓰며 살아가는 백성들의 모습을 그리고 있다는 점에서 태평성대의 표상이라 할 수 있다.

이곡의 작품에서는 아리따운 자매가 경제적 능력보다는 거칠 것도 없고 걱정도 없는 목동의 삶을 사랑한다고 하였다.[70] 신광한은 생업에 힘쓰는 부자의 모습을 그렸다.[71] 모두 이상적인 백성들의 삶을 그렸다는 점에서 태평성대를 노래한 것이라 할 수 있다.

---

70) 저 집 자매 눈썹이 아름다운 미인으로 / 밤늦도록 열심히 혼례 옷을 짓네 / 사랑하네. 태어난 이래 아무 걱정 없이 / 도롱이 입고 피리 불며 마음대로 소타고 돌아오는 그대를(渠家姊妹有娥眉 夜績辛勤作嫁衣 愛汝生來無念慮 披蓑橫笛任牛歸). (이곡).

71) 양지 바른 언덕 버들잎은 이미 눈썹 같고 / 저물녘 소를 탄 목동의 옷은 비에 홈뻑 젖었네 / 늙은 아비는 열심히 힘들게 산전을 갈며 / 멀리서 벼를 키우고 돌아오겠지(陽坡柳葉已如眉 日暮騎牛雨滿衣 勤苦父翁耕嶂崳 芒芒無乃助苗歸). (신광한).

한편 이달충과 서거정 최연 등은 혼탁한 세속의 삶과 대비되는 목동의 삶을 그리고 있다.[72] 이 작품들에 등장하는 목동의 모습은 은자가 아니라 욕심 없이 살아가는 백성들의 모습이다. 따라서 이 작품들은 위험하고 혼탁한 정계에 대한 비판하면서 동시에 평화롭고 순박하게 생활하는 백성들의 삶을 이상적인 삶으로 제시하고 있다는 점에서 안축 등의 시와 맥락을 같이 한다.

혼탁한 정계와 평화로운 백성들의 모습의 대비는 '와수목교(臥水木橋)'에서도 나타난다.

一木搖搖跨石灘 외나무다리 흔들흔들 돌여울에 걸쳐있어
望來惟恐蹈波瀾 바라보니 물결에 빠질 듯 두려움이 밀려오네
居民足與心曾熟 여기 사는 백성들 발과 마음 익숙하여
如過平途不細看 평지를 건너는 듯 세심하게 보지 않네.

---

72) 나귀를 타고 도성의 거리 지나며 매양 눈살을 찌푸리고 / 늘 세속의 먼지가 흰옷 더럽힐까 걱정했지 / 어찌 같으랴! 강가에서 안온하게 소 등을 타고 / 멋대로 시골길 물가를 찾아 돌아오는 것과(騎驢九陌每嚬眉 常恨緇塵化素衣 爭似江睾午背穩 漫尋邨徑水邊歸). (이달충)
공중에 뜬 먼 봉우리 눈썹 같이 파란데 / 비낀 바람 가랑비 속에 도롱이 걸친 한 사람 / 평생토록 영욕과는 아무 관계 없어 / 소 등을 배처럼 여기며 편하게 타고 돌아오네(遠岫浮空翠似眉 斜風細雨一蓑衣 平生榮辱都無管 牛背如船穩跨歸). (서거정).
반우가가 끝나자 시름에 겨운 눈살을 펴고 / 피리를 가로 불며 소를 타고 이슬에 젖어 돌아오네 / 세상살이 높은 일산(고관대작)에 있음을 믿지 않고 / 손짓하고 서로 부르며 아이와 함께 돌아오네(飯牛歌罷展愁眉 橫笛騎來露濕衣 不信人間有高蓋 麾肱相喚帶兒歸). (최연).

※ 반우가: 춘추 시대 위(衛)나라 영척(甯戚)이 제(齊)나라에 들어가 소뿔을 두드리며 남의 소를 먹이는 처량한 신세를 토로한 노래이다. 제환공이 이 노래를 듣고 영척을 현자라고 생각하여 등용했다고 한다. 〈반우가〉는 다음과 같다. "남산은 선명하고 백석은 찬란한데. 태어나 요와 순의 선양을 만나지 못했네. 짧은 베 홑옷은 정강이만 가리고, 새벽부터 소를 먹이다 한밤중이 되었는데, 긴 밤이 길고기니 언제나 아침이 될까.(南山粲 白石爛 生不逢堯與舜禪 短布單衣裁至骭 從昏飯牛薄夜半 長夜漫漫何時旦)"

위 안축의 시에서는 외나무다리에서 물에 빠질까 걱정하는 자신과 편안하게 건너다니는 백성들의 모습을 대비시키고 있다. 이를 통해 벼슬살이(宦海)의 험난함과 세속적 욕망에 얽매이지 않은 백성들의 평화로운 삶을 대비시켰다. 이곡과 이달충, 서거정, 최연도 외나무다리와 여울을 안축과 같은 시각에서 바라보고 있다.[73] 반면에 신광한은 위험한 여울을 건널 수 있게 한 다리의 공(功)에 초점을 맞추고 있다.[74]

73) 십 리의 인가가 여울 하나를 끼고 있어 / 외나무다리를 왕래하며 거친 물결을 건너네 / 벼슬길에 발을 헛디디면 이보다 위험하니 / 발이 있어도 어찌 서서 바라볼 수 있겠나 /十里人家挾一灘 往來橫木渡狂瀾 宦途失脚危於此 有足何曾却立看). (이곡).
이 물은 진실로 황공탄이로다 / 다리를 건너는 발걸음마다 번번이 물결이 이네 / 그렇건 말건 무심하게 건너면 될 일 / 부들부들 떨며 바라볼 필요 없다네(此水眞爲惶恐灘 緣橋步步輒生瀾 從教取次無心過 不用凌兢有意看). (이달충).
※ 황공탄은 중국 장서(江西)성 만안(萬安)에 있는 급류를 말함.
한 여울 다 지나면 또 한 여울 나오니 / 누가 거센 물결 위에 외나무다리를 놓게 했나 / 이 사이엔 발 디딜 곳 많지 않으니 / 평범한 평탄한 길로 간주하지 마시길(過盡一灘又一灘 誰教獨木跨驚瀾 此間容足無多地 莫作尋常坦道看). (서거정).
누가 장차 시내 여울을 쉽게 건널 수 있을까 / 걸음마다 노한 물결에 겁을 낸다네 / 몸이 험로에 있으면 위태로움을 살피고 / 훗날 평지에서도 깊이를 살필지어다(誰將略約跨溪灘 步步生愁怯怒湍 身在險中存省懼 他時平地要深看). (최연).
74) 긴 뱀이 저물녘에 앞 여울을 건너고 / 외나무다리 그림자 여울에 일렁이네 / 누가 냇물을 건너는 공이 나무에게 있음을 알까 / 오가는 사람들 관심이 없네(長蛇日暮過前灘 略勺搖搖影倒瀾 誰信濟川功在木 往來人作等閑看). (신광한).

4. 사대부의 수기(修己)의 공간 - 정자(亭子)

앞서 언급한 바, 누정은 성리학적 이념과 밀접한 관련이 있다. 한(漢)나라 이후 송(宋)나라 때까지 불교와 도교가 철학을 지배하고 있었다. 이런 상황에서 불·도를 극복하기 위해 도덕적 실천에 중심을 둔 선진유학(先秦儒學-진나라 이전의 유학)에 도교와 불교의 논리와 형이상학적 학문방법을 수용하여 새로운 이론을 수립한 것이 신유학(新儒學)이다. 성리학은 주자(朱子)가 신유학의 여러 이론을 집대성하여 만든 학문체계이다.

『논어』나 『맹자』는 제왕의 올바른 다스림과 학자(유학자)의 올바른 처신, 즉 도덕적 실천에 관한 내용만을 담고 있다. 『논어』나 『맹자』에는 우주론뿐만 아니라 신독(愼獨)이나 물아일체(物我一體) 등 마음의 수양(修己)이나 이기론(理氣論)에 관한 내용이 없다. 이것들은 모두 신유학이 도교와 불교에서 수용한 것이다.

조선시대 정자(亭子)문화의 발달과 관련하여 주목되는 것은 수기의 완성, 즉 도(道)를 깨닫는 과정과 방법이다. 불교에서 불성을 깨닫는 방법과 과정을 그림으로 표현한 것이 십우도[十牛圖- 또는 심우도(尋牛圖)]이다.[75] 〈십우도〉는 동자가 불성 찾기로 시작하여 순선한 불성을

75) 〈십우도〉는 중국 송나라 때 승려 보명(普明)과 곽암(廓庵)의 작품이 있다. 곽암의 〈심우도〉를 정리하면 아래와 같다.
① 심우(尋牛) : 소를 찾아 산속을 헤맴 - 깨달음의 의지.

회복하고 불교의 진리를 전파하여 중생을 구제하는 과정을 소를 찾는 과정에 비유하여 그린 그림이다.

이는 성리학에서 유자(儒者)가 수양(修養, 修己)를 통해 본성(本性-天性)을 회복하고, 공부를 통해 우주자연의 섭리(天理)를 깨달아 군자가 된 후, 백성을 올바른 길로 인도(治人)함으로서 태평성대를 구현하는 과정과 유사하다.

불가에서 자신의 마음을 살핌[관심(觀心)]으로써 불성을 깨닫는 반면. 유가에서는 자연을 관찰[관물(觀物)]함으로써 본성을 회복하고 천리를 깨닫는다[궁리(窮理)]. 생각과 행위가 천리[순리(順理)]에 위배되지 않고 공평무사(公平無私)한 경지에 이른 것을 수기(修己)의 완성으로 보았다. 수기가 완성된 사람을 군자(君子)라고 하며, 군자만이 백성을 다스릴 수 있는(治人) 자격이 있다고 보았다.

천명(天命)을 얻어 나아가게 되면[출(出)] 치인(治人)을 하고, 천명을 얻지 못하면[불우(不遇)-때를 만나지 못함] 자연에 은거하여[처(處)] 수기(修己)에 힘쓰는 것이 사대부가 취해야할 올바른 삶의 태도이다.

---

② 견적(見跡) : 소 발자국을 발견함 - 불성의 자취를 느낌.
③ 견우(見牛) : 검은 소를 발견함 - 거친 불성에 가까이 감.
④ 득우(得牛) : 검은 소를 잡음 - 거친 불성을 확인함.
⑤ 목우(牧牛) : 흰색으로 변하는 소를 길들임 - 불성을 닦음.
⑥ 기우귀가(騎牛歸家) : 소를 타고 구멍 없는 피리를 불며 집으로 돌아옴 - 순수한 불성의 회복.
⑦ 망우존인(忘牛存人) : 소는 없어지고 동자만 남음 - 불성회복 도구가 사라짐.
⑧ 인우구망(人牛俱忘) : 원(소와 사람이 모두 없어진 상태) - 주객 분리 이전의 상태, 완전한 깨달음.
⑨ 반본환원(返本還源) : 원 속에 자연이 비침 - 삼라만상을 있는 그대로 볼 수 있는 참된 지혜.
⑩ 입전수수(入廛垂手) : 지팡이에 큰 포대를 메고 마을로 감 - 포교, 중생 제도.

나라에 도가 있는데 빈천한 것은 부끄러운 것이고, 나라에 도가 없는데 부귀한 것도 부끄러운 것이다(邦有道 貧且賤焉 恥也 邦無道 富且貴焉 恥也) 『논어(論語)』〈태백(泰伯)〉.

출(出)하면 치군택민(致君澤民) 처(處)하면 조월경운(釣月耕雲)
명철(明哲) 군자(君子)는 이를사 즐기나니
하물며 부귀위기(富貴危機) ㅣ라 빈천거(貧賤居)를 하오리라
[권호문(1532~1587) 〈한거십팔곡〉]

창랑(滄浪)의 물 맑으면 내 갓끈을 씻고, 창랑의 물 흐리면 내 발을 씻으리(滄浪之水淸兮 可以濯我纓 滄浪之水濁兮 可以濯我足)
[굴원(屈原)의 〈초사(楚辭)〉 중 〈어부가(漁夫歌)〉]

『논어』의 인용문은 사대부들이 출처의 기준으로 삼은 구절이다. 나라가 도가 있는데 빈천하다는 것은 군자가 치군택민할 수 있는 상황임에도 능력이 없어 나아가지 못하거나 낮은 관직에 있는 것을 말하며, 도가 없는데 부귀하다는 것은 세상이 어지러워 도(道)를 펼칠 수 없는 상황임에도 불구하고 사리사욕을 채우기 위해 권력을 탐하는 것을 의미한다. 즉 나아가고 물러나는 것은 도(道)의 유무(有無)를 따라야 한다는 것이다.

권호문의 시조에는 벼슬에 나아가서는 치군택민[致君澤民 - 임금을 보좌하여 성군이 될 수 있도록 돕고(致君) 그 결과 임금의 은혜가 백성들에게 미치도록 하는 것(澤民)]에 힘써야 하며, 물러나서는 벼슬에 대한 욕망을 버리고 조월경운[釣月耕雲 - 달빛 아래 밭을 갈고 구름 속에서 낚시를 함. 초야에 물러나 심성수양에 힘씀]의 삶에 만족해야 한다고 하였다.

굴원의 〈어부사〉에서 창랑의 맑고 흐림은 도(道)의 유무(有無)를 말하며, 갓끈을 씻는 것[탁영(濯纓)]은 의관을 정제하고 벼슬길에 나아가는 것을, 발을 씻는 것[탁족(濯足)]은 심신을 닦는 것을 의미한다. 따라서 탁영(濯纓)은 치군택민(致君澤民)과, 탁족(濯足)은 조월경운(釣月耕雲)과 대응되는 의미라 할 수 있다.

'정(亭)'은 '멈춤, 쉼, 그만 둠' 등을 의미하는 '정(停)'의 의미를 가지고 있다. 따라서 정자는 무언가를 그만 두고 멈춰 쉬는 곳이다.

우리는 흔히 재화를 생산하는 일에 종사하지 않을 때 '논다'고 한다. 여행을 하는 것, 걷기 것, 밥 먹는 것, 당구를 치는 것, 직업을 얻기 위해 노력하는 것 등이 모두 노동력을 필요로 하는 일인데도 돈을 버는 일이 아니면 '논다'고 하는 것이다. 맹자가 말한 바, 태어나면서부터 사대부에게 부여된 직분, 즉 사대부가 해야 할 일은 '치인(治人)'이다. 사대부에게 '치인(治人)' 이외의 모든 일은 해야 할 일을 '그만 두거나 멈추고 쉬'는 것, 오늘날의 용어로는 '노는 것'이다. 정자(亭子)는 이 때 필요한 것이다.

맹자는 사대부의 직분을 다음과 같이 말하였다.

> 대인의 일이 있고 소인의 일이 있다. 또한 한 사람의 몸에 모든 사람이 하는 것을 구비하여 반드시 스스로 한 이후에 그것을 쓰게 한다면 이것은 천하 사람들을 길바닥에 내모는 것과 같다. 그러므로 "어떤 사람은 마음을 쓰고, 어떤 사람을 힘을 쓴다. 마음을 쓰는 사람은 다른 사람을 다스리고 힘을 쓰는 사람은 다른 사람에게 다스림을 받는다. 다른 사람에게 다스림을 받는 사람은 다른 사람을 먹이고, 다른 사람을 다스리는 사람은 다른 사람에 의해 먹여지는 것이 천하에 통용되는 이치이다."라고 한 것이다[有大人之事 有小人之事 且一人之身而百工之所爲備 如必自爲而後用之 是率

天下而路也 故日或勞心 或勞力 勞心者治人 勞力者治於人 治於人者食人 治人者食於人 天下之通義也]. 『맹자(孟子)』〈등문공 상(藤文公 上)〉

진상(陳相)이라는 사람이 맹자를 찾아와 허행(許行)이라는 사람의 주장에 근거하여 훌륭한 임금이라면 백성과 함께 농사를 직접 지어 먹고 살아야 하는데, 현재 등나라 임금(藤君)은 직접 농사를 짓지 않기 때문에 현군이 될 수 없다고 하였다.

인용문은 이에 대한 맹자의 답변이다. 골자는 한 사람이 모든 사람(百工)의 일을 다 할 수 없기 때문에 사람마다 맡은 직분이 다르며, 크게 보면 남을 다스리는 사람(治人)과 남에게 다스림을 받는 사람(治於人)으로 나뉜다고 하였다. 다스리는 사람은 생산에 종사하지 않고 다스림을 받는 사람을 위해 마음을 쓰며, 다스림을 받는 사람은 힘을 써서 다른 사람을 먹여 살리는 것이 맡은 바 직분이라는 것이다.

사농공상(士農工商) 중에서 다른 사람을 다스리는 사람은 사(士)이며, 농공상(農工商)은 남을 먹여 살리기 위해 생산에 종사하며 다스림을 받는 사람들이다. 즉 사대부가 태어나면서부터 부여받은 직분은 '치인(治人)'이다. 사대부에게 '치인(治人)' 이외의 모든 일은 해야 할 일을 '그만 두거나 멈추고 쉬'는 것, 오늘날의 용어로는 '노는 것'이다. 정자(亭子)는 이 때 필요한 것이다.

오늘날에도 하던 일을 그만 두고 다른 일을 하기 위해 여행이나 낚시, 독서 등 다양한 재충전 활동을 하는 것처럼 사대부들도 일(治人)을 그만두고 물러나면, 다시 일(治人)을 하기 위해 재충전 활동을 하였다. 그들에게 이데올로기적으로 요구된 바람직한 재충전 활동은 도덕적 재무장을 의미하는 '수기(修己)'였다. '수기(修己)'는 진리를 깨닫고 그것을 실천에 옮김으로써 이상적인 인간(君子)에 도달하기 위해 노력하는 활동이다. 진리는 깨닫는 방법에는 두 가지 있다. 독서(讀書)와 관물(觀物)이 그것이다.

> 천운대(天雲臺) 돌아들어 완락제(玩樂齊) 소쇄(瀟灑)한데
> 만권생애(萬卷生涯)로 낙사(樂事)가 무궁(無窮)하여라.
> 이 중에 왕래풍류(往來風流)야 일러 무엇 할까
> [이황(李滉:1500-1561) 〈도산십이곡(陶山十二曲)〉 언학(言學) 1]

〈도산십이곡〉은 '언지(言志)' 6곡과 '언학(言學)' 6곡으로 이루어져 있으며, '언지'는 공부하는 사람의 마음자세를, '언학'은 공부의 내용과 방법, 태도 등을 노래하였다. 인용문은 '언학' 첫 번째 작품으로 무엇을 통해 배울 것인가를 제시한 작품이다.

천운대(天雲臺)는 운영천광대(雲影天光臺)로 우주자연을 관찰(觀物)하는 곳이며, 완락재(玩樂齊)는 도산서당에서 퇴계가 거처하던 방으로, 제(齊)라는 명칭에서 알 수 있듯이 독서를 하는 공간이다. 인용문은 관물(天雲臺)-독서(玩樂齊)-관물(往來風流)로 순환되는 공부의 과정을 노래한 것이다.

즉 책을 통해 성현의 가르침을 배우고(독서), 관찰을 통해 우주자연의 섭리를 깨닫고 성현의 가르침이 진리임을 증험하며[관물궁리(觀物窮理)], 생각과 행위가 가르침과 진리에서 벗어나지 않도록 노력[수기(修己)]함으로써 유가의 이상적인 인간상인 군자(君子)가 되기 위해 노력하는 것이 곧 유가에서 말하는 공부인 것이다.

한편 정자는 번잡한 현실에서 벗어나 자신을 돌아보며 수기(修己)에 힘쓰는 공간이라는 점에서 불가의 암자(庵子)와 기능적으로 유사하다. 암자도 번잡한 본찰(本刹)과 멀리 떨어진 곳에서 마음을 추스르고 불성을 회복하는 데 힘쓰는 공간이기 때문이다.

4.1. 면앙정(俛仰亭)

면앙정은 1553년에 송순[宋純: 1493(성종 24)~1582(선조 15)]이 건립한 정자로, 전라남도 담양군 봉산면에 있으며, 1972년 전라남도 기념물 제6호로 지정되었다.

송순은 담양군 봉산에서 출생하여, 1519년(27세: 중종 14)에 별시문과(別試文科)에 급제한 후, 조광조에 의해 조정에 발탁되어 내외 요직을 두루 거쳐 의정부 우참찬(議政府 右參贊) 겸 춘추관사(春秋館使)를 역임하였다.

1550년(58세: 明宗 5)에 윤원형 일파인 이무강(李無疆)의 무고로 충남(忠南) 서천(舒川)에 유배되었다가 평안도(平安道) 순천(順天)으로 이배(移配) 되었고, 이듬해 겨울 풀려났다. 송순은 이 시기를 제외하면 비교적 평탄한 벼슬살이를 했다고 할 수 있다.

1579년(87세 : 宣祖 12)에 정철, 고경명, 기대승, 임제 등을 비롯한 지방 관료들이 모여 과거시험에 합격(1519년)한 지 60년을 기념하여 열린 회방연(回榜宴)을 열었는데, 자리를 파할 때 정철의 제안으로 고경명, 임제 등이 선생의 남녀(藍輿)를 메어 모셨다고 한다.[76] 이 일을 기념하여 정조(正祖)가 1798년(정조) 전주과시(全州科試)에서 〈하여면앙정(荷輿俛仰亭-면앙정의 가마를 매다)〉이라는 과거시험 제목(御題)을 내린 일화가 유명하다.

면앙(俛仰)의 의미

76) 과거에 급제한 지 주갑(周甲-60년)이 된 날, 면앙정 위에 잔치를 베풀었는데, 과거에 급제한 때처럼 도 전체가 우러러보았다. 술이 거나해지자 수찬 정철이 '우리가 이 어르신을 위해 대나무 가마를 메도 되겠는가?'라고 말했다. 이에 헌납 고경명, 교리 기대승, 정언 임제 가 부축하여 남여에 태워 모시고 내려오자 고을 수령과 사방에서 모인 사람들이 가마를 따르니 사람들이 모두 감탄하며 그것을 영광스럽게 여겼다. 이는 실로 옛날에도 없었던 성대한 일이다(登第周甲日, 設宴于俛仰亭上, 如新恩時, 一道聳觀. 酒半修撰鄭澈曰, '吾儕爲此老荷竹輿可乎?' 遂與獻納高敬命, 校理奇大升, 正言林悌, 掖上扶輿而下. 邑宰及四隣來會者隨之, 人皆嗟歎而榮之. 此實前古所未有之盛事也). 『담양부지(潭陽府志)』.
기대승은 7년 전인 1572년에 세상을 떠난 인물로, 가마를 멜 수 없었다.

면앙정에는 송순이 삶의 의지를 밝힌 현판이 걸려 있다.

> "굽어보면 땅이요 우러르면 하늘이라. 그 사이에 정자 있어 흥취가 호연하니 풍월을 초대하고 산천에 절하며 명아주 지팡을 짚고 평생을 보내리라(俛有地 仰有天 亭其中 興浩然 招風月 揖山川 扶藜杖 送百年)"

면앙(俛仰)은 『맹자(孟子)』의 '군자삼락(君子三樂)' 중 두 번째 즐거움과 관련이 있는 말이다.

> 군자에게는 세 가지 즐거움이 있는데, 천하의 왕이 되는 것은 그 안에 없다. 부모님이 모두 생존해 계시고 형제들이 무고한 것이 첫 번째 즐거움이요, 우러러 하늘에 부끄럽지 않고 굽어보아 사람에게 부끄럽지 않은 것이 두 번째 즐거움이며, 천하의 영재를 얻어 그들을 가르치는 것이 세 번째 즐거움이다(君子有三樂 而王天下不與存焉 父母俱存 兄弟無故 一樂也 仰不愧於天 俯不怍於人 二樂也 得天下英才而教育之 三樂也).」(『맹자(孟子)』〈진심상(盡心上)〉)

두 번째 즐거움에서 '앙(仰)'과 '부(俯)' 중 '부(俯)'를 같은 의미를 가진 '면(俛)'으로 바꿔 지은 이름이 '면앙(俛仰)'이다. '우러러 하늘에 부끄럽지 않다(仰不愧於天)'는 것은 스스로 자신을 돌아보았을 때 양심에 부끄러움이 없어야 한다는 의미이며, '굽어보아 사람에게 부끄럽지 않다(俯不怍於人)'는 것은 처세와 직분 수행의 측면에서 사대부로서 세상 사람들에게 부끄러움이 없어야 한다는 의미이다. 즉 한편으로는 백성들의 삶을 위해 늘 마음을 쓰고(俛-治人), 한편으로는 유가의 이상적 인간인 '군자(君子)'가 되기 위해 수기(修己)에 힘쓰겠다(仰)는 다짐을 정자를 통해 나타낸 것이라 할 수 있다.

〈면앙정기(俛仰亭記)〉 - 기대승(奇大升)

큰 허공에 땅의 응축된 모습은 다만 한 덩어리의 물체일 뿐이다. 그것을 퍼뜨리면 물이 되고 두텁게 하면 산이 되는데, 또한 한 덩어리로 가운데서 저절로 흐르고 저절로 솟아 있다. 사람은 하늘에서 명을 받고 땅에서 바탕을 받아 산과 물 사이에서 놀고 거처하는 데, 보아서 사랑할 만하고 들어서 즐거울 만하면 또한 조물주가 도와 그것을 주는 듯하다.

그러나 놀기에 적합하고 나의 귀와 눈에 싫지 않은 것을 구한다면 반드시 높은 산을 넘고 아득한 곳으로 멀리 나간 뒤에야 그 완전함을 얻을 수 있을 것이다. 광활한 수백 리에 산과 물이 기이함을 경쟁적으로 나타내는데 내가 한 언덕 위에 앉아 그것을 모두 소유한다면 놀기에 적합함과 즐기기에 완전함이 과연 어떠한가?

지금 완산부윤 송공이 거주지 뒤 끊어진 기슭의 정상에 정자를 짓고 '면앙'이라 이름을 지었는데, 앞서 말한 바, 놀기에 적합함과 즐기기에 완전함에 있어 진실로 다른 것을 구할 것이 없다. ① 처음에 공의 선조 모(某)라는 분이 나이가 들어 벼슬에서 물러나 기곡(綺谷) 마을에 거처하였고, 자손들이 그로 인해 집으로 삼았으니 노송당(老松堂)[77]의 옛터가 있다.

기곡마을 북쪽에서 2-3리가 못되는 곳에 작은 골짜기를 얻었는데, 산을 등지고 남쪽을 향했으며, 땅이 비옥하고 샘물이 달다. 그곳에 한 구역의 집이 있으니 공이 새로 지은 것으로, 이름은 기촌(企村)이다. 기촌의 산은 울창하게 집을 감싸고 있는데, 봉우리 중 빼어나게 아름다운 것의 이름이 '제월(霽月)'이다. 기촌에서 제월봉 허리를 지나 북쪽으로 돌아 나가면 산자락이 건방(乾方-서북쪽)을 향하여 약간 비스듬하게 오므려진 곳이 있는데, ② 지세가 마치 용이 수염을 드리우고 거북이가 머리를 든 듯하고, 꿈틀꿈틀하는 듯 기어가는 듯이 보이니

77) 송순의 고조부인 송희경(宋希璟 : 1376~1446)의 호. 1425년 담양에 정착.

바로 면앙정이 있는 곳이다.

정자는 무릇 세 칸 집으로 되어 있는데, 긴 대들보를 얹어서 대들보가 문미(門楣)보다 배나 높다. 때문에 그 가운데를 보면 단정하게 트였고 평평하게 바르며, 그 모퉁이는 가지런하다. 네 벽을 비우고 난간을 둘렀으며, 난간 밖의 지형은 모두 작은 낭떠러지인데, 서북쪽 모퉁이는 더욱 심한 절벽이다. 빽빽한 대나무가 병풍처럼 둘러 있고 삼나무가 울창하다. 그 아래 '암계'라는 마을이 있는데, 기슭에 돌이 많고 가팔라 그렇게 이름을 지은 것이다.

동쪽 계단 아래 약간 비스듬한 산세를 따라 넓혀 온실 4칸을 지어 담장을 두르고 아름다운 화초를 심고 서책을 채웠다. 산을 따라 좌우 골짜기로 가면 큰 소나무와 무성한 나무들이 푸르게 우거져 있다. 정자가 있는 곳은 이미 지형이 높고 시원하며 대나무와 나무들이 또한 정자를 둘러싸고 있어서 인간 세상과 서로 접하지 않으니, 아득하여 별천지(別天地) 같다. 빈 정자에서 멀리 바라봄에, 그 맑고 시원한 모습과 우뚝한 산세가 구불구불하다가 솟아올라 이어져 나오는 것을 보면 마치 귀신이나 이물(異物)들이 몰래 와서 상대하는 듯하다.

③ 동쪽에서 온 **산**은 제월에 이르러 우뚝 솟았다가 그 한쪽 줄기가 부드럽고 구불구불하게 흐르다가 서쪽의 큰 들에 이르러 3, 4리 정도 뻗어 나간 것이 무릇 여섯 굽이이다. 정자가 있는 산기슭은 좌측에서 당기고 우측으로 물러나 가장 꿈틀대며 차례로 솟아 있다. 동북쪽에서 달려와 서남쪽 수백 리에 끝없이 이어진 산들은 높이 솟아 달리다가 감돌아 모이기도 하고 텅 빈 골짜기에서 솟아나 달리다가 흩어지기도 한다. 위태로운 바위와 큰 돌이 의연하게 도사리고 있는 것은 용구산(龍龜山)이고, 아래가 널찍하고 꼭대기가 뾰족하며 진중하고 외롭게 서 있는 것은 몽선산(夢仙山)이다. 그외에 옹암(瓮巖), 금성(金城), 용천(龍泉), 추월산(秋月), 백암(白巖), 불대(佛臺), 수연(修緣), 용진(湧珍), 어등(魚登), 금성(錦城) 등은 산 모양이 창고 같기도 하고 성곽 같기도 하며 병풍 같기도 제방 같기도 누은 소 같기도 말의 귀 같기도 하다. 푸르름을 늘어놓은 듯, 검은 눈썹을 그려 놓은 듯, 눈썹이 떠 있는

듯, 상투가 나타난 듯, 올록볼록 숨었다 나타났다 아득히 나타났다가 없어지고, 이내와 구름에 열렸다가 닫히고 초목의 피고 짐에 따라 아침과 저녁의 모습이 다르고 겨울과 여름의 징후가 다르다. 그리고 기인(畸人)이 도술을 부리는 것과 열부가 정절을 지키는 것은 더욱 사람으로 하여금 멀리 생각하고 상상하게 한다.

④ 옥천(玉泉)에서 발원한 **물**은 여계(餘溪)이다. 면앙정 기슭 앞을 바로 감도는데 잔잔하고 맑으며 마르지도 넘치지도 않는다. 넘실넘실 유유히 흐르다가 멈추는 듯하고, 뛰어오르는 물고기는 석양에 튀어 오르고 가을 달밤에 조는 백로들은 (다리를) 가지런히 받든다. 그리고 용천(龍泉)에서 발원한 물은 읍내에 이르러 백탄(白灘)이 되어, 구불구불 가로질러 흐르다가 못을 이루어 멈췄다가 여계와 함께 흘러 5리(牛鳴地)쯤 지나 합류하여 서쪽으로 흘러간다. 그리고 서석(瑞石)에서 발원(發源)한 물은 정자 왼쪽 세 번째 굽이의 밖에서 비로소 그 모습을 드러내는데, 두 내 앞에서 아래로 흘러 용산 바로 아래서 혈포(穴浦)로 나간다.

⑤ 그리고 아득한 큰 **들**은 추월산 아래서 머리를 들어 어등산 밖 만타미(曼陀靡)에서 꼬리를 감춘다. 오목하기도 하고 불룩하기도 하여 구릉과 수풀이 서로 가린 것이 뒤섞여 마치 그림 같다. <u>도랑과 밭두둑이 아로새긴 듯하고 마을이 흩어져 있다. 사람들이 그 사이에서 일을 하는데 봄에는 씨를 뿌리고 여름에는 김을 매고 가을이면 수확을 하여 잠시도 쉬지 않으니 사계절의 경치가 이와 더불어 무궁하다.</u>

⑥ 복건(幅巾)에 짧은 베옷 입고 <u>정자 위에 기대어 보면 산의 높은 모습과 물의 먼 모습, 구름이 떠있는 모습, 새와 짐승과 물고기가 노는 모습이 모두 즐겁게 다가와 나의 흥취를 돋운다. 명아주 지팡이를 짚고 나막신을 신고 계단 아래서 가만히 거닐면, 푸른 이내가 저절로 머물고 맑은 바람이 때때로 불어온다. 소나무와 회나무에서는 사락사락 소리가 들리고 붉은 꽃과 푸른 잎은 향기가 멀리 풍긴다. 느긋하게 육신을 서로 잊고 한가로이 조물주와 노니 애초부터 끝이 없는 것이다.</u>

아름답도다. 정자여. 그 안에서 보면 주위가 그윽하여 고요한 경관을 독차지할 수 있고, 밖으로 나오면 탁 트인 하늘이 아득하여 호탕한 흉금을 열 수 있다. 유자[柳子 유종원(柳宗元)]가 이르기를 "놀기에 적합한 것은 대개 두 가지가 있다."고 하였으니, 여기에 있지 않은가?

내가 일찍이 정자 위에서 공을 배알하였는데, 공께서 나에게 말씀하여 이르시길 "예전에 정자가 없을 때는 곽씨가 그곳에 살고 있었는데, 일찍이 특이한 꿈을 꾸기를 금어옥대(金魚玉帶)의 학사들이 그 위에서 줄지어 모인 것을 보고는 그 집안이 장차 부흥될 것이라 생각하였다. 그리고 그 아들이 이 꿈에 응할 것으로 여겨, 아들을 승려에게 맡겨 글을 배우게 하였는데, 성공하지 못하고 또한 빈궁해졌네. 이에 그 나무를 베고 거처를 옮겼네. 내가 갑신년(1524, 중종19년)에 재물로 그것을 사니, 동네 사람들이 다투어 와서 서로 축하하며 이르기를 이 땅의 기이함과 아름다움이 공이 이에 얻었으니 어찌 곽씨의 꿈이 조짐이 있었던 것이 아닌가?"라고 하였다네. 내가 또한 이 계산(溪山)의 아름다움을 좋아했지만 관직에 매여 조정에 있었기 때문에 감히 (이곳으로) 몸을 이끌지 못하였네.

계사년(1533)에 체직되어 고향으로 돌아와 비로소 초정(草亭)을 엮어 바람과 햇빛을 가리고 5년 동안 여유롭게 놀다가 다시 버리고 가니, 정자는 비바람에 방치됨을 면치 못하여 다만 나무 그늘이 어지러이 흔들리고 풀과 푸성귀만이 무성했네.

경술년(1550, 명종5년)에 관서(關西)로 귀양가서 두렵고 군색해도 아무 걱정도 하지 않았지만, 오히려 정자를 엮어 여생을 보내지 못하는 것을 한스럽게 여겼네. 신해년(1551)에 은혜를 입고 석방되어 돌아와 오래된 포부를 조금이나마 이룰 수 있었으나 재력이 모자라 또 다시 어찌할 방도가 없었네. 하루는 부사(府使) 오겸(吳謙)이 마침 와서 함께 올라 정자를 완성할 것을 나에게 권하고 또한 도와줄 것을 약속했네. 마침내 임자년(1552) 봄에 역사를 일으키고 몇 달이 못 돼 일이 끝났네. 집이 대충 완성되자 수풀이 더욱 무성해져, 한가로이 거닐며 굽어보고 우러르며 여성을 보내게 되었으니 나의 평소 소원이 이에 이루어졌네.

아! 내가 이곳을 차지한 지 삼십 여 년 동안 인사의 득실은 진실로 말하기 어려운 점이 있지만, 정자가 폐했다가 다시 일어남은 역시 운수(運數)가 있는 것 같다네. 지난 일을 생각하면 감회가 일어나 이것을 글에 의탁하지 없으니. 그대는 나를 위하여 그것을 기문으로 지어 주게."

내가 문장의 졸렬함으로써 사양하였으나 받아들여지지 않았기에 또한 공께 말씀드려 이르기를 ⑦ "푸른 것을 누가 우러러 머리로 떠받치지 않으며, 아득한 것을 누가 굽어보아 밟지 않겠습니까? 그러나 그러한 까닭(所以然)을 알아서 그것을 자신에게 돌이킬 줄 아는 사람은 대체로 적습니다. 지금 공께서는 이미 그것을 마음에 얻었고 그것을 (정자의) 이름에 부쳤으니, 그 호연한 흥취는 진실로 다른 사람이 감히 할 수 없는 것입니다. 그러나 사물의 변화는 무궁하고 인생은 끝이 있으니, 끝이 있는 인생으로써 무궁한 변화를 제어하려면, 그 굽어보고 우러러보는 사이에 천지의 차고 빔과 인물의 영광과 쇠퇴를 또한 반드시 마음에 경영하여 스스로를 책려(責勵)해야만 합니다. 어찌 산수의 즐거움에만 몰두할 뿐이겠습니까? 아, 송공이 아니면 누가 이 이름을 일컬을 수 있겠습니까?"[78]

---

78) 地之凝形於太虛空者 特一塊之物耳 其播之而爲水其隆之而爲山者 又自流且峙於一塊之中也 人也命于天 質于地 而游處於山水之間 其目之而可愛 耳之而可悅者 又似造物者獻助而供奉之也 然而求其游之適 而不詘於吾之耳目 則必凌峻阻出眇莽 然後有以得其全焉 若曠然數百里 山也水也 爭效奇呈異 而吾乃坐乎一丘之上 撫而有之 則其爲游之適也 而樂之全也果如何哉 今完山府尹宋公 作亭於其居之後 斷麓之顚 名之以俛仰 向所謂遊之適樂之全者固無以他求爲也 始公之先祖有諱某者 年老退仕 居于錡谷之里 子孫因而爲家 有老松堂舊基自錡谷北行不能二三里 得小洞 負山而抱陽 土肥而泉甘 有一區之宅 公之所新築也 名企村企村之山 盤紆蓊鬱 其峯之秀麗者曰霽月 自企村穿霽月之腰 轉以北出 則山支稍迤 向乾維而蹙 勢如龍垂龜昂 蜿蜿然跂跂然看 卽亭之所在也 亭凡爲屋三間 駕長樑 樑倍於楣 故視其中 端豁平正 而其廓隅翼如也 虛其四面而欄檻之 檻外形皆微隤 而西北隅尤陡絶 屛以密竹 蕭槮蒨蔚 其下有村曰巖界 以其麓多石而巉削 故名之 東階下 因稍迤之勢廓之 構溫室四問 繚以周垣 植以佳卉 而充之以書史 循山脊以延于左右谷 長松茂樹 蔥瓏以交加 亭之處地旣亢爽 而竹木又回擁之 與人煙不相接 逈然若異境 憑虛以望 則見其淸泠之狀 突兀之勢 纚纚乎其宛轉踊躍而出 若有鬼神異物 陰來以相之也 山之自東而來者 至霽月而峙 其偏支按衍蜷屈 西臨大野 窮於三數里間者凡六曲 而亭之麓 左控右挹 最夭矯而軼出 自東北而馳 迤邐於西南數白里者 巍峨騰踔 巀嶭週遭 谽呀崛崎 攢蹙奔迸 而巖危石醜 偃蹇雄踞者 龍龜山也 趾蟠頂尖 端重疏立者 夢仙山也 若瓮巖也 若金城也 龍泉也 秋月也 白巖也

〈면앙정기〉의 기록에 의하면, 송순 집안은 1425년에 송순의 고조부인 노송당(老松堂) 송희경(宋希璟 : 1376~1446)이 처음으로 담양에 정착했다고 한다. ②는 면앙정의 풍수지리적 우수성을 표현한 것으로, 〈면앙정가〉의 서두에도 명당에 자리잡은 면앙정의 지리적 특성을 다음과 같이 표현하였다.

> 무등산(无等山) 한 줄기가 동쪽으로 뻗어 있어
> 멀리 떨어져 나와 제월봉(霽月峯)이 되었거늘
> 끝없는 넓은 들(無邊大野)에 무슨 짐작 하느라

佛臺也 修緣也 湧珍也 魚登也 錦城也 象山 或如囷倉 或如城郭 如屛如防 如臥牛如馬耳 排靑掃黛 浮眉露髻 參差隱見 縹緲明滅 煙雲之開闔 草木之榮落 朝昏異態 冬夏殊候 而畸人之所騁術 烈婦之所成節 尤使人遐思而求想也 水之源於玉泉者 爲餘溪 正帶亭麓之前 漣漪澄瀅 不渴不溢 洋洋悠悠 去而若留 跳魚撥剌於夕陽 宿鷺聯奉於秋月 而源於龍泉者 至府治爲白灘 屈折橫流 汨潏渟洄 與餘溪竝行 過牛鳴地 合流西去 其發於瑞石者 則從亭左第三曲之外 始效其色 而下灌於前二川 直抵龍山 以趨于穴浦 而蒼茫大野 首起於秋月山下尾撇乎魚登之外 壇曼阤靡 洼然煥然 丘陵林藪之相蔽虧者 錯如圖畫 溝塍之刻鏤 聚落之雜襲 而人之趨事於其間者 春而耕 夏而耘 秋而獲 無一時之息也 而四時之景 亦與之無窮焉 幅巾短褐 徙倚乎欄檻之上 則山之高 水之遠 雲之浮 鳥獸魚之遨遊 擧熙熙然來供吾興 而扶藜躡屐 從容於階除之下 則翠煙自留 淸風時至 松檜蔌蔌有聲 而紛紅駭綠 香氣掩苒 施施乎與形骸相忘 于于乎與造物者遊 而未始有極 美哉 亭乎 據其內 環合幽窅 足以專靚謐之觀 達其外 寥廓悠長 可以開浩蕩之襟 柳子曰 游之適 大率有二者 其不在玆歟 余嘗拜公於亭上 公爲余言曰 昔亭之未有也 有郭姓者居之 嘗得異夢 見金魚玉帶學士 聯翩盍簪於其上 意其家之將有興 而謂其子之膺是夢也 託之僧以學書 及其無成而且窮也 乃伐其樹而遷其居 僕於甲申年間 以財貨之 里人競來相賀曰 以玆地之奇勝 而公乃得之 豈郭之夢 有所兆朕者歟 僕亦愛其溪山之勝 而繫官在朝 不敢引身 癸巳歲 遞職還鄕 始縛草亭 以蔽風日 優遊五載 旋復棄去 則亭不免爲風雨所揭 獨樹陰婆娑 而草菜蕪沒矣庚戌 謫關西 揣慄窘束 百念不掛 猶以未克葺亭以終老 爲恨也 辛亥 蒙恩放歸 宿昔之抱 可以少償 而財力短乏 又無以爲計 一日 府使吳公謙 適來同登 勸僕成之 且許相助 遂於壬子春 起其役 不幾月而功訖 棟宇粗完 而林薄益茂 逍遙俛仰 以遣餘生 僕之素願 於是乎畢矣 嗚呼 僕之占此 于今三十餘年 人事之得喪 固有難言 而亭之廢而起者 亦若有數存焉者 撫事興懷 不可不托于斯文 子其爲我記之 余以文拙辭不獲 則又以言于公曰 蒼蒼者 孰不仰而戴之 茫茫者 孰不俛而履之 然而知其所以然 而能反之於身者 蓋寡矣 今公旣以得之於心 而寓之於名 其浩然之興 固有人所不敢知者 然物變無窮 而人生有涯 以有涯之生 御無窮之變 則於其俛仰之間 而天地之盈虛 人物之榮悴者 亦不可不經于心 而以之自勵也 夫豈專於山水之樂而已哉 噫微吾公 孰能稱是名也哉. 『고봉집(高峯集)』 2권.

일곱 굽이 한 데 뭉쳐 무더기무더기 펼쳐진 듯
가운데 굽이는 구멍에 든 늙은 용이
선잠을 갓 깨어 머리를 앉혔으니
너럭바위 위에 송죽(松竹)을 헤치고
정자(亭子)를 앉혔으니
구름 탄 청학이 천리(千里)를 가리라
두 나래를 벌린 듯

무등산은 예로부터 호남의 영산(靈山)으로 인식되었는데, 그 산의 한 갈래가 동쪽으로 뻗어 제월봉에 이어졌다고 함으로써 면앙정이 자리한 제월봉의 신령스러움을 풍수지리적인 측면에서 표현한 것이다. 제월봉은 주변으로 일곱 굽이의 산이 끝없이 넓은 들을 감싸고 있는데, 늙은 용이 머리를 앉힌 곳이라고 하였다.

풍수지리에서 산의 기세와 기복(起伏)을 용맥(龍脈)이라고 하며, 용의 머리는 그 중에서 명당의 중심인 '혈(穴)'에 해당한다. 인용문은 면앙정이 명당에 자리를 잡았음을 표현한 것이다.

〈면앙정기〉에서 ③은 역동적이면서도 기묘한 산의 모습을, ④는 넘치지도 마르지도 않으면서 넓은 들판을 적시며 유유히 흐르는 물길을 표현하였다. 자연(自然)의 다른 표현이 산수(山水)라는 것에서 알 수 있듯이, 산맥과 물길은 자연의 조화로움과 아름다움을 표상한 것이라 할 수 있다. 그리고 ⑤는 '들'에 대해 서술하였는데, 반듯하게 정리된 논밭과 계절을 따라 다른 걱정 없이 생업에만 전념하는 백성들의 모습을 그리고 있다. 이 부분은 태평성대를 표현한 것이라 할 수 있다.

⑥에는 면앙정에서 자연을 바라보면서 솟아나는 흥취가 서술되어 있다. 산과 물, 구름, 새와 짐승과 물고기, 안개, 바람, 숲에서 나

는 소리, 꽃향기 등이 흥취를 돋운다고 하였다. 이 흥취는 자연의 조화로움과 영원한 섭리를 확인하는 즐거움이며, 자연의 조화로움은 백성들의 풍요로운 삶의 바탕이 되기에 더 즐거운 것이다.

마지막 단락은 '면앙(俛仰)'의 의미를 간명하게 표현하였다. 누구나 '면앙(俛仰)'을 통해 우주자연(천지의 차고 빔)과 인사(인물의 영광과 쇠퇴)를 깨닫고 스스로를 채찍질하며 노력하는 것이 중요하다고 하였다. 이런 점에서 면앙정은 수기(修己)의 정자라 할 수 있다.

한편 담양부사를 지낸 심중량(沈仲良 : 1658~?)의 〈면앙정기〉에는 '면앙(俛仰)'의 의미를 다음과 같이 기록하고 있다.

> 순자가 이르기를 백이[79]는 우러러 하늘을 보고 하늘의 맑음을 얻어 그 뜻을 길렀으며, 유하혜[80]는 구부려 땅을 보고 땅의 순함을 얻어 그 조화로움을 얻었다.[81] 이에 백이는 이름을 앙수(仰叟)로 바꿨고, 이에 따라 유하혜는 자(字)를 면옹(俛翁)이라고 하였다. 그로 인해 지팡이에 앙루(仰鏤)라고 새겼고, 그 대(臺)를 면시(俛時)라고 하고는 지팡이로 대를 두드리며 노래하여 이르기를 "앙수여! 면옹이여! 나의 스승이로다. 나의 스승이로다."라고 하였다.[82]

위 인용문은 '면앙'의 의미를 성인(聖人)인 백이의 청렴함과 유하혜

79) 중국 은(殷)나라의 충신. 고죽군(孤竹君)의 아들.
80) (B.C.720~B.C.621). 춘추전국시대 노(魯)나라의 대부.
81) 『맹자(孟子)』 〈萬章下〉에 "맹자께서 이르시길, 백이는 성인 중 청렴결백한 사람이요, 이윤은 성인 중 책임감이 강한 사람이며, 유하혜는 성인 중 화합하는 사람이요, 공자는 성인 중 때에 맞춘 사람이다(孟子曰 伯夷聖之清者也 伊尹聖之任者也 柳下惠聖之和者也 孔子聖之時者也)"라는 구절이 있다.
82) 俛仰亭記 乙未秋 當云庚辰肅宗二十六年(1700) [沈仲良 本府使]
荀子曰 伯夷 仰而視天 得天之淸 以養其志 柳下惠 俛而視地 得地之順 以養其和 遂易夷名曰仰叟 追惠字曰俛翁 因銘其杖曰仰鏤 其丌曰俛時 則以杖叩丌而歌曰 仰叟乎 俛翁乎 吾師乎 吾師乎. 『면앙집(俛仰集)』 7권.

의 조화로움을 배우고 실천하기 위해 '면앙'이라는 정자 이름을 지은 것으로 보았다. 위 인용문은 '면앙'의 의미를 수기(修己)로 보았다는 점에서 기대승의 〈면앙정기〉와 상통한다.

한편 기대승의 〈면앙정기〉에는 면앙정의 건립과정이 서술되어 있다. 송순은 1524년 곽씨로부터 터를 매입했고, 10여년 뒤(1533) 벼슬에서 체직(해임)되자 고향으로 돌아와 비로소 소박한 초정(草亭)을 세운다. 그러나 다시 벼슬살이로 고향을 떠나게 되자 정자 주변은 초목이 무성해 진다. 그러다가 1550년에 귀양을 가게 되고 1551년 석방된 이듬해에 고향으로 돌아온다. 이 때 담양 부사 오겸의 도움으로 오늘날과 같은 형태의 정자를 지었다. 그리고 1597년(선조 30)에 임진왜란으로 파괴된 후, 1654년(효종 5)에 후손들이 중건한 것이라고 한다.

〈면앙정삼십영(俛仰亭三十詠)〉

〈면앙정기〉와 〈면앙정삼십영〉은 여느 누정기나 누정집경시와 마찬가지로 1552년 면앙정 건립을 기념하여 창작되었다. 특정 건축물을 노래한 시를 제영(題詠)이라고 하는데, 〈면앙정삼십영〉처럼 특정한 제목 아래 하위 제목을 붙여 지은 일련의 시를 집경시(集景詩)라고 한다.

집경시는 정자 주인이 특정한 세계를 구현하기 위해 끌어온 정자 주변의 경관요소들로 이루어져 있다. 〈면앙정삼십영〉은 정자 주인인 송순이 30가지 경관요소를 선정하고 각각에 4글자의 제목을 부여한 것이다. 4글자의 제목 중 앞의 2글자는 경관요소 자체를 의미하며, 뒤의 2글자는 해당 경관요소의 의미를 담고 있는 것이 일반적이다. 때문에 경관요소의 제목을 보면 당대 문인이라면 누구나 해당 경관요소에 담긴 의미와 주인의 의도를 이해할 수 있다. 이런 점에서 경관요소의 제목은 일종의 문화코드*Cultural Code*라고 할 수 있다.

임억령, 〈면앙정삼십영〉

〈면앙정삼십영〉은 임억령을 비롯한 많은 사람들에 의해서 창작되었다. 이는 기본적으로 경관요소와 누정 이름의 의미를 공유하기 때문에 가능한 것이다. 오늘날 지인이 집을 새로 짓거나 이사를 하였을 때 집들이 선물과 함께 덕담(德談)을 해주는 것처럼 예전에는 누정기와 집경시를 지어 정자의 건립을 축하했다. 누정기와 집경시에서는 정자의 아름다움과 경관요소의 훌륭함, 훌륭한 경관요소를 선정한 정자 주인의 높은 정신세계, 정자의 이름과 경관요소의 의미에 충실한 주인의 삶을 찬양한다. 따라서 〈면앙정삼십영〉과 같은 타인에 의해 지어진 집경시는 요즘으로 보면 집들이 선물에 해당한다.

여기에서는 하서(河西) 김인후(金麟厚 : 1510~1560)의 작품을 살펴보도록 하겠다.

〈면앙정삼십영〉의 제목은 아래와 같다.

1. 추월취벽(秋月翠壁 : 추월산의 푸른 절벽)
2. 용구만운(龍龜晩雲 : 용구산의 저문 구름)
3. 몽선창송(夢仙蒼松 : 몽선산의 푸른 솔)
4. 불대낙조(佛臺洛照 : 불대산의 저녁노을)
5. 어등모우(魚登暮雨 : 어등산의 저문 비)
6. 용진기봉(湧珍寄峯 : 용진산의 기이한 봉우리)
7. 금성묘애(錦城杳靄 : 금성의 아스라한 아지랑이)
8. 서석청람(瑞石晴嵐 : 서석산의 갠 구름)
9. 금성고적(金城古迹 : 금성산의 옛 자취)
10. 옹암고표(甕巖孤標 : 옹암의 고고한 모습)
11. 대추초가(大秋樵歌 : 풍년 든 가을의 나무꾼의 노래)
12. 목산어적(木山漁笛 : 목산 마을 어부들의 피리 소리)
13. 석불소종(石佛疎鍾 : 석불사의 종소리) -용구산
14. 칠수귀안(漆水歸鴈 : 칠천으로 돌아오는 기러기)
15. 혈포효무(穴浦曉霧 : 혈포의 새벽 안개)
16. 신통수죽(神通修竹 : 신통사의 대나무)
17. 산성조각(山城早角 : 산성의 새벽 뿔피리 소리)
18. 이천추월(二川秋月 : 이천 마을의 가을달)
19. 칠곡춘화(七曲春花 : 칠곡의 봄꽃)
20. 송림세경(松林細逕 : 솔밭의 오솔길)
21. 죽곡청풍(竹谷淸風 : 죽곡의 맑은 바람)
22. 평교제설(平郊霽雪 : 들판에 개인 눈)
23. 원수취연(遠樹炊烟 : 먼 나무에 밥 짓는 연기)
24. 극포평사(極浦平沙 : 먼 포구의 모래밭)
25. 광야황도(曠野黃稻 : 넓은 들에 누런 벼)
26. 전계소교(前溪小橋 : 앞 시내의 작은 다리)

27. 후림유조(後林幽鳥 : 숲 속의 그윽한 새)
28. 청파도어(淸波跳魚 : 맑은 물에서 뛰는 고기)
29. 간곡홍료(澗曲紅蓼 : 시냇가에 붉은 여뀌꽃)
30. 사두면로(沙頭眠鷺 : 모래톱에서 조는 해오라기)

〈면앙정삼십영〉의 경관요소로는 산과 물, 눈, 비, 안개, 구름, 아지랑이, 바위, 절벽, 소나무, 대나무, 꽃, 물고기, 백로, 기러기 등의 자연물과 초동(樵童), 어부, 마을(煙氣), 논밭, 뿔피리, 다리 등 인간의 삶과 관련된 것들이 복합적으로 선택되어 있으며, 춘하추동(春夏秋冬), 주야(晝夜) 등 시간의 순환과 관련된 요소들도 있다. 이것들은 모두 면앙정원림이 지향하는 세계를 구성하는 요소들이다.

〈면앙정삼십영〉 중 1-10경까지는 '산'이다. 그런데 10개의 산은 면앙정 원림의 외곽 경계라 할 수 있는데, 담양뿐만 아니라 나주[금성산(錦城山)], 광주[어등산(魚登山), 서석산(瑞石山)], 장성[용진산(湧珍山)], 화순[옹암산(瓮巖山-甕城山)] 등 담양을 넘어 주변 지역에 있는 산들을 포괄하고 있다.

이는 면앙정원림이 앞서 살펴본 이색의 〈한산팔영(韓山八詠)〉처럼 행정구역 단위의 공간을 대상으로 일정한 세계를 구축하고 있음을 의미한다. 정자의 유무와 관계없이 행정구역 단위의 넓은 지역을 대상으로, 경관요소의 차경을 통해 집경시를 창작하는 전통은 20세기 초반까지 지속된다. 즉 고려시대 이색의 〈한산팔영〉에서 시작된 지역 집경시는 이후 하나의 문학적 전통으로 자리를 잡았던 것이다. 이색 또한 성리학자였다는 점에서 지역을 노래한 집경시는 성리학의 발달과 더불어 시작된 전통임을 알 수 있다.

1경부터 6경까지는 산 자체의 다채로운 모습 자체에 초점을 맞추었다. 산의 상서로움과 신비로움(추월취벽)[83], 아름다움(용구만운),

의젓함과 정겨움(몽선창송), 석양의 장엄함(불대낙조), 비의 청량감(어등모우), 봉우리의 기이함(용진기봉) 등을 노래했다. 이를 통해 계절과 시간에 따라 천태만상(千態萬象)으로 변화하는 우주자연의 섭리를 표현한 것이라 할 수 있다.

7, 8, 10경에는 산의 모습을 면앙정 주인의 정신세계에 비유함으로써 주인을 찬양하였다. '7.금성묘애(錦城杳靄)'에서는 아지랑이에 싸여 사라질 듯 이어지는 산을 겸손하면서도 고고한 송순의 덕에 비유하였고,[84] '8.서석청람(瑞石晴嵐)'에서는 상서로운 산(서석산-무등산)을 차지할 만큼 높은 송손의 덕성을 노래하였다. '10.옹암고표(甕巖孤標)'에서는 옹암의 고고한 모습을 송순의 높은 학문과 고고한

---

83) 秋月山名好 추월(秋月)이라 산 이름도 좋고
蒼蒼削四圍 깎아지른 푸른 벽이 사면을 둘렀네.
溪雲莫漫起 물안개가 저물녘에 질펀하게 일어났다가
夜夜輾淸輝 밤마다 맑은 빛으로 변하네.
〈1. 추월취벽(秋月翠壁 : 추월산의 푸른 절벽)〉

84) 縹緲城橫錦 아득히 성을 비단처럼 가로질러
聯綿乍有無 길게 이어져 나타났다 사라지네.
乾坤萬里眼 하늘과 땅 사이 만 리를 바라보며
回憶草堂儒 초당의 한 선비를 생각하노라.
〈7. 금성묘애(錦城杳靄 : 금성의 아스라한 아지랑이)〉

덕에 비유하였다. 옹암(甕巖)은 항아리 모양의 둥근 바위로, 이 작품에서는 신선의 술항아리로 비유하였으며, '항아리'의 이미지를 '우물 안 개구리'와 유사한 의미의 '항아리 속의 초파리'로 확장시켰다.[85)]

집경시는 작가에 따라 경관요소의 의미 그 자체를 드러내는 데 초점을 맞추기도 하고, 경관요소의 의미를 누정 주인의 덕을 비유하는 데 사용하기도 한다. 김인후는 7, 8, 10경에서 경관요소의 이미지를 누정주인의 덕에 비유함으로서 누정 주인의 삶을 칭송하였는데, 이는 누정집경시가 누정 건립을 축하하기 위한 선물로 창작되었기 때문이다.

9경(금성고적)에서는 금성산성을 통해 참혹했던 전란의 역사를 노래하였다. 전란은 면앙정 원림이 지향하는 유가적 이상세계의 구현에 가장 위험한 요소라는 점에서 주목된 것으로 보인다.

'물'과 관련된 경관요소는 수기(修己)의 방법인 관물궁리(觀物窮理)와

85) 捧日圓巖峙 해를 받든 둥근 바위 언덕
羣山一望低 뭇 산이 눈 아래 있네
仙靈應貯釀 신선들은 응당 술을 담아 놓고
塵裏笑醯鷄 속세의 초파리(醯鷄)를 비웃겠는걸.
〈10. 옹암고표(甕巖孤標 : 옹암의 고고한 모습)〉

'항아리 속의 초파리(甕裏醯雞)'라는 말이 있다. 견문이 좁아 자신이 사는 세상밖에 모르는 사람을 비유한 말이다. 『장자(莊子)』〈전자방(田子方)〉에 공자(孔子)가 노담(老聃)을 만나고 나와 안회(顔回)에게 말하기를 "나는 도에 대해서 마치 초파리 같다. 부자께서 나의 덮개를 열어주지 않았더라면 나는 천지의 크고 온전함을 몰랐을 것이다.(丘之於道也 其猶醯雞與 微夫子之發吾覆也 吾不知天地之大全也)"라고 했다는 것에서 나온 말이다.

관련된 경우가 많다. 대표적인 작품이 청파도어(淸波跳魚)이다.

> 風恬如可數 바람이 고요하여 셀 수 있을 듯
> 喜躍夕陽波 즐겁게 튀어 오르네 석양 물결에.
> 潑潑天機動 물 뛰기며 힘차게 튀어 오르니
> 相忘樂政多 서로 잊은 즐거움이 진정 많구나.
>
> 〈28. 청파도어(淸波跳魚 : 맑은 물에서 뛰는 고기)〉

『장자(莊子)』 내편(內篇) 〈대종사(大宗師)〉에 다음과 같은 구절이 있다.

> 공자께서 이르시길 "물고기는 함께 물로 가고 사람은 함께 도로 간다. 함께 물로 가는 것은 못을 파주면 먹을 것이 넉넉해지고, 함께 도로 가는 것은 다른 일이 없게 하면 생활이 안정된다. 그러므로 물고기는 강호에서 서로를 잊고 사람은 도(道)에서 서로를 잊는다."고 하였다.[86]

인간도 자연의 일부로, 자연과 인간은 동일한 도(道)의 지배를 받는다. 인용문은 사람을 어떻게 다스리는 것이 가장 좋은가를 물고기를 기르는 것에 비유한 것이다. 물고기에게 가장 중요한 것은 못을 파주는 것(穿池)이고, 사람에게 가장 중요한 것은 일을 없애는 것(無事)이라고 하였다. 파주는 것(穿)이나 없애주는 것(無)은 다스리는 사람이 해야 할 일이다.

일을 없애준다는 것(無事)은 사농공상(士農工商)이 전쟁이나 노역 등 다른 일에 동원되지 않고(無事) 자신의 직분에만 전념할 수 있도록 하는 것이다. 〈청파도어〉는 자유롭고 힘차게 튀어 오르는 물

86) 孔子曰 魚相造乎水 人相造乎道. 相造乎水者 穿池而養給, 相造乎道者 無事而生定. 故曰 魚相忘乎江湖 人相忘乎道術.

고기(跳魚)를 보며 이와 같은 깨달음에 이르는 관물궁리(觀物窮理)를 노래한 것이라 할 수 있다.

여계(餘溪)

그 외 계절에 맞춰 칠수로 돌아오는 기러기[칠수귀안(漆水歸雁)], 조물주에 조화로 새벽마다 나타나는 안개[혈포효무(穴浦曉霧)] 등도 자연의 섭리를 표상하고 있다는 점에서 수기(修己)를 위한 경관요소라 할 수 있다.

백탄(白灘)

정자 주변의 경물들을 차경한 경관요소들도 대부분 수기(修已)와 관련되어 있다. 가을을 빛내는 붉은 여뀌[간곡홍료(澗曲紅蓼)], 속세와 격절된 [석불소종(石佛疎鍾)][87], 봄을 알리는 칠곡의 꽃[칠곡춘화(七曲春花)], 여름에 죽곡에서 불어오는 시원한 바람[죽곡청풍(竹谷淸風), 겨울을 상징하는 들판의 눈[평교제설(平郊霽雪)], 계절의 변화를 알리는 온갖 새들의 울음소리[후림유조(後林幽鳥)] 등은 모두 자연의 순환과 질서, 계절에 따라 천태만상으로 변화하는 자연의 섭리 등을 표상하는 경관요소라는 점에서 관물궁리(觀物窮理)의 도구라 할 수 있다.

한편 '송림세경(松林細逕)'과 '사두면로(沙頭眠鷺)'는 송순의 삶의 태도를 보다 직접적으로 표상하는 경관요소이다.

杖屨無常到 지팡이와 신발은 때 없이 오고.
蒼髯夾一區 푸른 솔이 한 구석에 있네.
懸知陶逕短 도연명의 오솔길이 짧지만
興盡撫孤株 흥이 다하도록 외로운 나무를 어루만지겠지.

〈20. 송림세경(松林細逕 : 솔밭의 오솔길)〉

'세경(細徑)'은 도연명의 〈귀거래사(歸去來辭)〉에 나오는 '삼경(三逕)'을 의미한다. 〈귀거래사〉에는 "세 갈래 길은 이미 황폐했지만 소나무와 국화는 아직도 있네(三徑 就荒 松菊 猶存)"와 "외로운 소나무만 어루만지며 서성이네(撫孤松而盤桓)"이라는 구절이 있다.

위 시는 작가(김인후)가 도연명처럼 권력에 연연하지 않고 탈속한 삶을 살고 있는 정자주인(송순)을 찬양하였는데, 송순 자신이

87) 석불사는 용구산(龍龜山)에 있었다고 한다.

'송림세경'을 경관요소로 선택했다는 점에서 도연명적 삶은 송순의 의지이기도 하다.

草碧兼沙軟 푸른 풀에 모래마저 부드럽고
風疎一夢回 바람결에 한 꿈이 돌아오네.
忘機聊就狎 기심(機心)을 잊고 즐기려 할 뿐
本不逐魚來 고기를 쫓아온 건 아니라네.
〈30. 사두면로(沙頭眠鷺 : 모래 언덕에서 조는 해오라기)〉

해오라기가 모래 언덕에서 졸고 있는 이유는 물고기를 잡으려는 욕망[기심(機心)][88]이 없기 때문이다. 조는 해오라기(眠鷺)나 조는 오리(睡鴨) 등 졸거나 자는 새는 세속적 욕망에서 벗어난 상태를 표상하는 대표적인 문화코드이다. 즉 이 경관요소는 세속적인 욕망에서 벗어난 군자를 지향하는 태도를 담고 있는 것이다.

〈면앙정삼십영〉에서 가장 주목되는 경관요소는 '태평성대'와 관련된 것들이다.

白屋羅前汭 초가집이 앞 냇가에 늘어서 있고
家家翠竹籬 집집마다 울타리는 푸른 대나무
歡聲接遠邇 환호소리 멀리까지 이어졌으니
耕鑿定當時 밭 갈고 우물 파던 바로 그 때로구나
〈11. 대추초가(大秋樵歌 : 풍성한 가을의 나무꾼의 노래)〉

88) 기심(機心)은 의도의 선악과 관계없이 자연의 섭리를 벗어나 억지로 무엇인가를 성취하려는 마음을 의미하며, 이와 대립적인 의미로 사용되는 말이 무심(無心)이다.

농가(農歌), 농구(農謳), 어가(漁歌), 어적(漁笛), 목적(牧笛), 초가(樵歌), 초적(樵笛) 등 백성들의 노래나 피리소리 등은 모두 태평성대를 표상하는 대표적인 문화코드이다. 집경시의 제목인 '대추(大秋)'는 풍성한 가을을 의미하는 말로, '초가'와 마찬가지로 태평성대를 표상한다. 이런 점에서 '대추초가'는 그 자체로 백성들의 풍요로운 삶, 즉 태평성대를 표상하는 문화코드라 할 수 있다.

시에 제시된 많은 민가와 환호소리 또한 태평성대를 표상하는 코드이며, 경전착정(耕田鑿井-밭 갈고 우물을 팜) 또한 부역이나 징병 등 다른 일에 동원되지 않고 자신의 생업에만 전념하는 백성의 모습으로, 요순시대를 상징하는 표현이다.

秋村隔一岸 언덕 너머 추촌(秋村)에서
弄笛木山人 젓대를 희롱하는 목산 사람들
跌宕桃花浪 흐드러진 복사꽃 물결에
酸寒白露辰 하얀 이슬 서늘하게 내리는 새벽.

〈12. 목산어적(木山漁笛 : 목산 어부들의 피리 소리)〉

복사꽃이 흐드러지게 핀 봄 새벽에 목산 어부들의 피리소리가 들려온다. 예전에는 밤에 횃불(漁火, 夜火)을 들고 새벽까지 고기를 잡았다. 〈목산어적〉은 새벽까지 고기를 많이 잡고 흥에 겨워 피리를 부는 목산 어부들의 정경을 노래한 것이다. 복사꽃과 어부는 도연명의 〈도화원기(桃花源記)〉를 환기시키는 시어로, 이 작품 또한 무릉도원(武陵桃源)을 연상시킨다는 점에서 태평성대를 노래한 것이라 할 수 있다. 앞서 언급한 바, 어적(漁笛)은 태평성대를 표상하는 문화코드이다.

睡覺窓纔曙 자다 깨니 날이 막 새려하는데

城頭畫角聞 성 머리에서 뿔피리(畵角)소리 들려오네.
使君衛趍早 원님은 새벽부터 마을을 돌보니
田里笑云云 시골 마을 웃으며 기뻐하네.
〈17. 산성조각(山城早角 : 산성의 새벽 뿔피리 소리)〉

백성을 잘 다스리기 위해 새벽부터 마을을 돌며 백성들의 삶을 돌아보는 목민관(고을 원님)의 모습을 새벽의 뿔피리 소리로 표현하고 있다. 바람직한 목민관은 태평성대의 중요한 조건이다.

人村傍松竹 인가가 솔밭과 대밭 곁에 있어
曖曖生遠目 어둑어둑 멀리 피어오르네.
萬煙成一烟 만 가닥 연기 뭉쳐 하나가 되니
幾度黃粱熟 몇 번이나 황량반(黃粱飯)을 지었는지.
〈23. 원수취연(遠樹炊烟 : 먼 나무에 밥 짓는 연기)〉

황량일취몽(黃粱一炊夢)이라는 말이 있다. 당나라 노생(盧生)이 도사(道士) 여공(呂翁)의 베개를 빌어 잠을 잤더니 메조밥을 한 번 짓는 동안에 부귀공명을 다 누린 꿈을 꾸었다는 데서 유래한 말로, 부귀공명의 덧없음을 표현한 말이다. 하지만 이 작품에서는 백성들의 밥을 신선의 밥에 비유한 것이다.

만 가닥 연기는 많은 인가와 집집마다 빠짐없이 밥을 짓는 모습을 표현한 것으로, 많은 인구와 백성들의 배부름은 태평성대를 상징한다. 집경시에서 밥짓는 연기[조연(朝煙), 모연(暮煙), 취연(炊煙), 조취(朝炊), 모취(暮炊)] 등은 모두 태평성대를 표상하는 문화코드이다. 결구(結句)에 제시된 황량반은 태평성대를 선계(仙界)에 비유한 것이다.

西疇南北迤 서쪽 밭두둑이 남북으로 비스듬한데
綺錯盡良田 비단처럼 얽힌 곳 모두 비옥한 밭이라네.
耕耘俱可翫 갈고 매는 모습도 다 좋지만
熟處最堪憐 영그는 모습이 가장 좋다네.

〈25. 광야황도(曠野黃稻 : 넓은 들에 누런 벼)〉

노동의 기쁨은 결실에 있다. 면앙정 앞에 펼쳐진 넓은 들은 여계(餘溪)와 백탄(白灘)이라는 두 개의 시내가 가로지르는 옥답이다. 시인은 밭을 가는 봄이나 김을 매는 여름의 풍경도 아름답지만, 누렇게 익은 곡식을 보며 추수를 기대하는 가을 풍경이 가장 아름답다고 하였으니,

인지상정이리라. 이 시도 백성들의 풍요로운 삶을 노래하고 있다는 점에서 태평성대를 의미한다.

歲晩橋仍理 세모에 다리를 다시 손보니
東西利往來 동서에서 왕래하기 편리하지만
農漁先最功 가장 큰 공은 농부와 어부를 위함이니
日夕去還迴 밤낮으로 건너갔다 돌아오기에

〈26. 전계소교(前溪小橋 : 앞 시내의 작은 다리)〉

한 해를 보내며 위험하게 무너져 가는 다리를 고쳤다. 전계는 정자 아래 여계(餘溪)에 놓였던 다리일 것이다. 누구나 다리로 인해 편리하게 다니지만, 다리의 가장 큰 공덕은 바로 민초들의 생계에 도움이 된다는 데 있다고 하였다. 이 작품은 지역의 유지들이 백성들의 생업을 위해 다리를 수리한 것을 노래한 것으로, 지배층의 책임의식을 다루고 있다는 점에서 태평성대에 해당한다.

이상에서 살펴본 바와 같이, 송순은 면앙정원림의 30가지 경관요소를 통해 벼슬에서 물러나 권력에 대한 욕망을 버리고 수기(修己)에 힘쓰겠다는 삶의 의지를 드러냄과 아울러 담양과 인근지역을 포괄하는 자신이 은거지 주변에 유가적 이상세계(태평성대)를 구현한 것이라 할 수 있다. 그리고 수기(修己)와 태평성대(太平聖代)를 지향하는 공간 이미지는 조선시대 전시기 동안 누정집경시와 지역집경시를 통해 지속적이고 관습적으로 창작되었다.

면앙정가(俛仰亭歌)

〈면앙정가〉에서 주변의 풍광을 노래한 본사부분에 사용된 소재들은 모두 〈면앙정삼십영〉의 경관요소들을 가져온 것이다. 〈면앙정가〉는 담양부사 오겸의 도움으로 면앙정을 완성한 1552년에 창작된 작품으로, 송순 자신이 직접 쓴 〈면앙정삼십영〉의 국문시가 버전이라 할 수 있다.

서사(序辭)

无等山(무등산) 한 줄기 산이 동 쪽으로 뻗어 있어
멀리 떨어져 나와 霽月峯(제월봉)이 되었거늘
끝없이 넓은 들판에 무슨 짐작 하느라
일곱 구비 한 데 뭉쳐 무더기무더기 벌인 듯
가운데 구비는 구멍에 든 늙은 용이
선잠을 갓 깨어 머리를 앉혔으니
너럭바위 위에 松竹(송죽)을 헤치고
亭子(정자)를 앉혔으니 구름 탄 청학이
千里(천리)를 가리라 두 나래를 벌린 듯

본사(本辭)

玉泉山(옥천산) 龍泉山(용천산) 흘러내린 물이
亭子(정자) 앞 넓은 들에 올올히 펴진 듯이
넓거든 길지 말든 푸르거든 맑지 말거나
雙龍(쌍룡)이 뒤트는 듯 긴 깁[89]을 펼친 듯 [이천추월(二川秋月)]
어디로 가느라 무슨 일 바빠
달리는 듯 따르는 듯 밤낮으로 흐르는 듯
물 좇는 모래밭은 눈같이 펴졌거든 [극포평사(極浦平沙)]
어지러운 기러기는 무엇을 유혹하려 [칠수귀안(漆水歸鴈)]
앉으락 내리락 모일락 흩어지락

89) 물을 들이지 않은 흰 비단.

갈대꽃을 사이에 두고 울면서 좇는가
넓은 길 밖이요 긴 하늘 아래
두르고 꽂은 것은 산인가 병풍인가
그림인가 아닌가 높은 듯 낮은 듯
끊어진 듯 이어진 듯 숨거니 뵈거니
가거니 머물거니 어지러운 가운데
이름 난 양하여 하늘도 꺼리지 않고
우뚝 섰는 것이 秋月山(추월산) 머리 짓고
龍龜山(용구산) 夢仙山(몽선산) 佛臺山(불대산) 魚登山(어등산)
湧珍山(용진산) 錦城山(금성산)이 虛空(허공)에 벌였거든
원근 蒼崖(창애)[90]에 험한 모습 많고 많다
흰 구름 뿌연 煙霞(연하)[91] 푸르나니 산기운[山嵐]이라
온 봉우리 골짜기를 제 집을 삼아 두고
나면서 들면서 분주하게 구는지고 [서석청람(瑞石晴嵐)]
오르거니 내리거니 하늘에 떠나거니
廣野(광야)로 건너거니
푸르락 붉으락 옅으락 짙으락 [불대낙조(佛臺洛照)]
석양과 섞여 가랑비조차 뿌리느냐 [어등모우(魚登暮雨)]
藍輿(남여)[92]를 재촉해 타고 솔 아래 굽은 길로
오며 가며 하는 적에 [송림세경(松林細逕)]
버드나무에 우는 꾀꼬리 교태겨워 하는구나 [후림유조(後林幽鳥)]
나무 사이 빽빽해져 樹陰(녹음)이 어린 적에
百尺(백척) 欄干(난간)에 긴 졸음 내어 펴니
물위의 찬바람은 그칠 줄 모르는가 [죽곡청풍(竹谷淸風)]
된 서리 빠진 후에 山(산)빛이 錦繡(금수)[93]로다

90) 푸른 절벽.
91) 안개와 노을.
92) 지붕이 없는 가마.
93) 수 놓은 비단.

黃雲(황운)[94]은 또 어찌 넓은 들에 편 것이오 **[광야황도(曠野黃稻)]**
어적[漁笛]도 흥에 겨워 달을 따라 불어댄다 **[목산어적(木山漁笛)]**
草木(초목) 다 진 후에 江山(강산)이 매몰(埋沒)커늘[95]
조물주가 헌사하여[96] 氷雪(빙설)로 꾸며 내니
瓊宮(경궁) 瑤臺(요대)[97]와 玉海(옥해) 銀山(은산)[98]이
눈 아래 벌였어라 **[평교제설(平郊霽雪)]**
천지도 풍요롭다 간 데마다 절경이로다

결사(結辭)

인간세상 떠나와도 내 몸이 쉴 틈 없다
이것도 보려하고 저것도 들으려하고
바람도 쐬려하고 달도 맞으려하고
밤은 언제 줍고 고기는 언제 낚고
사립문은 뉘 닫으며 진 꽃은 뉘 쓸러뇨
아침이 나쁘거니[99] 저녁이라 싫을소냐
오늘이 不足(부족)거니 내일이라 넉넉하랴
이 산에 앉아보고 저 산에 걸어 보니
번잡한 마음에 버릴 일이 아주 없다
쉴 사이 없거든 길이나 전하리라
다만 한 지팡이가 다 무디어 가노매라
술이 익었으니 벗이라고 없을소냐
부르게 하며 타게 하며 켜게 하며 흔들게 하며[100]
온갖 소리로 醉興(취흥)을 돋우니

94) 누런 구름. 곡식이 영글어가는 가을 들녘.
95) 온 세상이 (눈과 얼음에) 묻혔거늘.
96) '헌사하다'는 '일을 벌이기를 좋아한다'는 뜻.
97) 옥으로 만든 건물(宮)과 누대(臺).
98) 옥 바다와 은 산.
99) 부족하거니.
100) 노래를 부르게 하고, 현악기를 타게 하며, 활로 켜게 하고, 방울을 흔들게 함.

근심이라 있으며 시름이라 붙었으랴
누으락 앉으락 굽히락 젖히락
읊으락 휘파람불락 마음껏 노니
天地(천지)도 넓고 넓고 세월도 한가하다
羲皇(희황)[101]을 몰랐더니 지금이 그때로구나
神仙(신선)이 어떻던지 이 몸이야 그로구나
江山風月(강산풍월) 거느리고 내 평생을 다 누리면
岳陽樓上(악양루상)에 李太白(이태백)이 살아오더라도
浩蕩(호탕) 情懷(정회)야 이에서 더할소냐
이 몸이 이렇게 구는 것도 임금의 은혜로다

〈면앙정가〉는 1552년 담양부사 오겸의 도움으로 초정(草亭)이었던 정자를 오늘날과 같은 모습으로 다시 짓고 그것을 기념하여 지은 것이다.

본사(本辭)는 〈면앙정삼십영〉의 경관요소들을 소재로 하고 있으며, 결사는 면앙정 원림을 통해 구축된 유가적 이상세계에서의 즐거운 삶을 노래하였다. 이 때문에 여타의 강호시가와 달리 어둡거나 정적이지 않고 매우 동적이며 풍요롭고 활기찬 모습으로 그려진 것이다.

가사나 시조 중에는 유가적 이상세계를 담고 있는 작품들이 드물기 때문에 이 작품은 매우 독특한 작품으로 평가되기도 했다. 그러나 고려시대부터 면앙정 원림처럼 행정구역 단위의 넓은 지역을 포괄한 누정집경시(樓亭集景詩)는 대부분 유가적 이상세계를 지향하고 있다는 점에서 〈면앙정가〉는 독특한 세계를 표현한 작품이 아니다. 다만 국문시가에서 활발하게 창작되지 않았을 뿐이다. 따라서 〈면앙정가〉는 고전시가를 넘어 누정문화의 전통 속에서 이해될 필요가 있다.

---

101) 복희씨. 중국 고대 전설상의 제왕으로 그물을 발명하여 고기잡이를 가르쳤다고 함. 태평성대를 상징하는 말.

4.2. 식영정(息影亭)

식영정은 사위인 김성원(金成遠)이 1560년(명종 15)에 장인인 석천(石川) 임억령(林億齡)을 위하여 지어준 정자이다.

임억령은 1496년(연산군 2)에 해남(海南)에서 태어났으며, 1516년(중종 11)에 진사시에 합격, 1525년(중종 20)에 식년문과에 합격하였다. 50세까지 중앙관직에서 동부승지와 대사간 등을 역임했다.

1545년(명종 1) 을사사화 때 동생인 괴마(槐馬) 임백령(林百齡)이 윤원형(尹元衡)의 소윤 일파에 가담하여 대윤의 많은 선비들을 추방하고 위사공신(衛社功臣)이 되자, 자책을 느끼고 벼슬을 사퇴하고 해남에 은거하였다. 이후 금산군수(1546), 강원도 관찰사(1554), 담양부사(1557) 등을 역임하였다. 1560년(명종 15) 이후 창평과 해남을 오가며 생활했다. 1568년(선조 1) 3월 9일에 73세를 일기로 해남에서 생을 마쳤다.

임억령이 정계에서 생활했던 중종대와 명종대는 중종비(中宗妃)인

문정왕후(文定王后)와 오라비 윤원형이 정권을 농단하던 시기로, 임억령은 이 시기를 난세로 인식하였다. 동생 임백령이 윤원형 일파에 가담한 이후 외직에서만 벼슬살이를 하였고, 그나마 식영정이 건립된 1560년 이후에는 벼슬살이에서 완전히 물러나 창평과 해남을 오가며 은거생활을 하였다. 식영정 원림은 이와 같은 상황에서 조성된 것이다.

식영정기(息影亭記)

앞서 살펴본 바, 관직에 나아가서는 치인(治人)에 힘쓰고, 물러나서는 수기(修己)에 힘쓰는 것이 유학자로서의 바람직한 삶의 태도였다. 정자는 관직에 나아가지 않거나 관직에서 물러났을 때 소용되는 경우가 대부분이기 때문에, 조선시대 누정문화는 공통적으로 '수기(修己)'를 지향한다.

수기(修己)라는 공통적인 요소를 제외할 때, 면앙정 원림은 태평성대의 공간이라면 식영정 원림은 은둔과 기다림의 공간이라 할 수 있다. 이와 같은 의미를 구체적으로 담고 있는 글이 〈식영정기〉이다.

> 김강숙(김성원)은 내 벗이다. 창계(蒼溪) 위 한송(寒松) 아래 한 기슭을 얻어 작은 정자를 지었다. 귀퉁이에 기둥을 세우고 그 안은 비웠다. 흰 띠풀로 엮고 대자리로 지붕을 올렸다. 멀리서 보면 짓으로 지붕을 얹은 놀잇배 같으니 나를 위한 휴식처이다. 선생(나)에게 (정자의) 이름을 청하니, 선생(나)이 이르기를 "그대는 장자의 말을 들어보았는가? 장자의 말에 **'옛날에 그림자를 두려워하는 자가 햇볕 아래서 뛰어다녔다. 그러나 아무리 빨리 달려도 그림자가 끝까지 없어지지 않았다. 그러다가 나무 그림자 아래 이르자 그림자가 홀연 없어졌다'**고 한다. 무릇 그림자의 성질은 한결같이 사람의 모습을 따르니, 사람이 구부리면 구부리고 우러르면 우러른다. 그 외에 가고 오며 움직이고 정지함에 사람과 오직 모습을 같게 하니, 그늘과 밤에는 없어지고 불빛과 낮에는 생긴다. 사람의 처세도 역시 이와 같다.
>
> 옛말에 이르기를 '꿈에 본 환상과 물에 비친 그림자'라는 말이 있다. 사람이 생겨날 때 조물주에게 모습을 받았으니, 조물주가 사람을 놀리는 것이 어찌 (사람의) 모습이 그림자를 부리는 것에 그치겠는가? **그림자의 모든 변화는 모습의 처분에 달린 것이요, 사람들의 모든 변화는 역시 조물주의 처분에 달린 것이다. 따라서 사람이라면 마땅히 따라야 할 뿐, 조물주가 나에게 시킨 것을 어찌 하겠는가?** 아침에 부유했다가 저녁에 가난하고, 예전에 귀했다가 지금 천해지는 것은 모두 조화옹이 풀무질하여 만들어낸 것이다. 내 한 몸을 통해 그것을 보건데, 높은 관을 쓰고 금마로 옥당을 출입하였지만, 지금은 죽장망혜로 창송과 백석을 소요하며, 좋은 음식을 다 버리고 한 표주박 물을 달게 여겨 관직을 버리고 미록의 짝이 되었으니, 이것들은 모두 그 사이에서 조물주의 희롱함이 있기 때문이다. 그러나 나는 스스로 그것을 알지 못하니, 그 사이에서 어찌 기뻐하거나 노하겠는가?"

강숙이 이르기를 "그림자는 스스로 어찌할 수 없지만, 선생님의 나아가고 물러남은 스스로 말미암은 것이지 세상이 (선생님을) 버리거나 받아들인 것이 아닙니다. 치세(治世)에 빛이 가려지고 발자국이 어둠에 묻혔다고 해서 과연 없다고 하겠습니까? 선생이 응답하기를 "흐름을 타면 가는 것이고 구덩이를 만다면 멈추는 것이다. 가고 멈추는 것은 사람이 할 수 있는 것이 아니다. 내가 임천(林天)에 들어온 것은 다만 그림자를 없애려는 것이 아니다. 내가 시원하게 바람을 타고 조화옹과 무리를 이루어 세속을 초월한 경계에서 놀면, 그림자도 없어지고 사람들도 바라보고 지목하지 못할 것이니, 정자의 이름을 식영(息影)이라한 것이 또한 어떠한가?"' 강숙이 이르기를 "이제야 비로소 선생님의 뜻을 알겠습니다. 청컨대 그 말씀에 의거하여 기를 써 주십시오"라고 했다.

1563년 7월 일 하의도인(임억령) 쓰다.[102]

임억령의 〈식영정기〉는 철학적일뿐만 아니라 대단히 문학적이다. 첫 번째 단락에는 '식영(息影)'의 의미가 세시되어 있다.

인용문에서 '식영(息影)'은 『장자(莊子)』 〈어부(漁父)편〉의 의미를 차용한 것이다. 『장자』〈어부편〉에는 다음과 같은 내용이 있다. 공자가 어부를 만나 여러 나라를 돌아다니며 고생한 이야기를 하며,

---

102) 金君剛叔吾友也 乃於蒼溪之上 寒松之下 得一麓 構小亭 柱其隅 空其中 苫以白茅 翼以凉簟 望之如羽盖畵舫 以爲吾休息之所 請名於先生 先生曰 汝聞莊氏之言乎 周之言曰 昔者畏影者 走日 下其走 愈急而影 終不息 及就樹陰下 影忽不見 夫影之爲物 一隨人形 人府則府 人仰則仰 其他往來行止 惟形之爲然 陰與夜則無 火與晝則生 人之處世亦此類也 古語有之曰 夢幻泡影人之生也 受形於造物 造物之弄戲人 豈止形之使影 影之千變在形之處分 人之千變 亦在造物之處分 爲人者當隨 造物之使於吾何與哉 朝富而暮貧 昔貴而今賤 皆造化 兒爐錘中事也 以吾一身觀之 峨冠大帝 出入金馬玉堂 今之竹杖芒鞋 逍遙蒼松白石 五鼎之棄 而一瓢之甘 皐夔之絶 而麋鹿之伴 此皆有物 弄戲其間 而吾自不知之也 有何喜慍於其間哉 剛叔曰 影則固不能自爲 若先生屈伸 由我非世之棄遭 聖明之時 潛光晦迹 無乃果乎 先生應之曰 乘流則行 得坎則止 行止非人所能 吾之入林天也 非徒息影 吾冷然御風 與造物爲徒遊於大荒之野 滅沒倒影 人不得望 而指之 名而息影 亦不可乎 剛叔曰 今始知先生之志 請書其言以爲誌 癸亥 七月日 荷衣道人書.

자신이 왜 그런 고난을 당했는지를 묻자 어부는 공자에게 다음과 같이 말한다.

> 사람 중에 그림자를 두려워하고 발자국을 싫어하여, 그것을 없애려고 뛰어다닌 자가 있었다. 발을 더욱 빨리 들면 발자국도 더욱 많아졌고, 달리기를 더욱 빨리 해도 그림자가 몸에서 떨어지지 않았다. 스스로 아직도 느린 것으로 여기고 빨리 뛰며 쉬지 않자 힘이 다 빠져서 죽었다. 그늘 속에 들어가야 그림자를 없애고 가만히 있어야 발자국이 없어진다는 것을 모른 것이니, 어리석음이 심한 것이다. …중략… 삼가 당신의 몸을 수양하고 삼가 진성(眞性)을 지키며 외물(物)을 남에게 돌려주면 누(累)가 없어질 것이다.103)

인용문에서 그림자(影)와 발자국(迹)은 '누(累)'이다. 인용문에서 공자가 괴로워했던 것도 '누'이며, 핵심은 '누'를 없애는 것이다. '누를 끼치다'라는 말에서 알 수 있듯, '누(累)'는 '얽매임', '괴로움', '근심', '부담' 등을 의미한다.

'누'는 '물(物)'을 가지려는 욕망에서 생기는 것이니, 물을 남에게 돌려주면 '누'가 없어질 것이라고 하였다. 돌려준다(還與)는 것은 그것이 본래부터 나에게 있던 것이 아니라는 의미이다. '물(物)'이란 본래부터 나에게 있었던 것을 제외한 모든 것이다. 유가에서는 하늘로부터 부여받은 본성(本性) 이외의 모든 환경적인 요인을 '물(物)'로 본다. 인용문에서 '물(物)'은 그 중에서도 '부귀공명(富貴功名)'을 의미한다.

---

103) 人有畏影惡迹 而去之走者 擧足愈數 而跡愈多 跡走愈疾 而影不離身 自以爲尙遲 疾走不休 絶力而死 不知處陰以休陰 處靜以息跡 愚亦甚矣 …중략… 謹修而身 愼守其眞 還以物與人 則無所累矣.

그림자나 발자국은 빛과 움직임으로 인해 생긴다. 빛과 움직임은 자신을 드러내려는 행위로, 그 의도는 '외물(物)'을 얻는 데 있다. 즉 공자가 여러 나라를 돌며 고난(累)을 당했던 것은 자신을 드러냄으로써 억지로 자신의 뜻을 펼칠 수 있는 환경을 만들려고 했기 때문이라는 것이 어부의 대답인 것이다.

두 번째 단락에서는 그림자와 그림자 주인의 관계를 인간과 조물주의 관계에 비유하였다. 그림자의 유무와 모습이 오로지 그림자 주인에 의해 결정되는 것처럼 인간의 운명 또한 오로지 조물주의 처분에 달려 있다는 것이다. 부귀빈천(富貴貧賤)은 나의 의지와는 관계없이 조물주의 처분에 달린 것이기에, 한 때 부귀했다고 좋아할 일도 아니며 한 때 빈천(貧賤)하다고 슬퍼할 일도 아니라는 것이다.

철저한 운명론(運命論)이다. 그러면 이런 운명론을 어떻게 이해해야 할까? 그렇다면 조선시대 사대부들은 왜 그렇게 유학의 가르침을 깨닫고 실천하기 위해 노력했을까? 모든 것이 이미 운명으로 결정되어 있다면 인간의 모든 노력은 무의미한 것일까? 그런데 이런 질문들은 인간의 모든 노력을 '물(物)'을 얻기 위한 것이라고 전제할 때만 성립되며, 이런 생각은 자본주의시대를 살고 있는 우리의 생각일 뿐이다.

여기에서 또 하나 고려할 것은 조선시대 사대부는 근대인(近代人)인 우리와 다른 중세인(中世人)이라는 점이다. 중세의 정의 중 하나는 하나의 이념이나 종교의 만을 유일하고 절대적인 진리로 믿는 시대라는 것이다. 기독교의 지배를 받던 시기의 서구나 불교와 유교의 지배를 받던 시기의 동아시아를 중세라고 하는 것은 이 때문이다. 따라서 중세의 지배층은 오늘날의 성직자와 비슷한 사람들이다.

진정한 종교인의 경우, 현실에서의 보상을 기대하기 때문에 자신들이 믿는 종교의 가르침을 깨닫고 실천하려 노력하지 않는다. 현실적인 보상을 기대하여 종교에 의존하는 사람은 사이비(似而非)이거나 종교를 기복(祈福)의 도구로 생각한다는 점에서 진정한 종교인이 아니다. 교리를 믿고 실천하는 이유는 그 종교나 이념만이 유일한 진리이며, 그렇게 하는 것만이 그들에게 부여된 사명이자 유일하게 옳은 삶의 태도라고 믿기 때문이다.

세 번째 단락에서 임억령은 "흐름을 타면 가는 것이고 구덩이를 만다면 멈추는 것이다. 가고 멈추는 것은 사람이 할 수 있는 것이 아니다."라고 하였다. 이것은 유가의 출처관(出處觀)과 순환(循環)을 이야기한 것이다. 즉 어떤 때 관직에 나아가며 어떤 때 물러나야 하는지, 그리고 역사는 흐름과 멈춤을 반복하는 물처럼 '도(道)'의 행함과 멈춤이 반복된다는 것이다.

앞서 언급한 바, 사대부의 출처(出處-나아감과 물러남)와 관련하여 공자는 다음과 같이 이야기하였다.

> 나라에 도가 있는데 빈천한 것은 부끄러운 것이고, 나라에 도가 없는데 부귀한 것도 부끄러운 것이다.[104)]

유가에서 부귀(富貴)와 빈천(貧賤)이라는 말은 단순한 경제적 빈부를 의미하는 말이 아니다. 부귀는 높은 지위에 오르는 것이며, 빈천은 관직에 나아가지 못하거나 낮은 지위에 있는 것을 말한다.

도(道)가 있는 데 빈천(貧賤)한 것은 유가의 도(道)가 정상적으로

104) 邦有道 貧且賤焉 恥也 邦無道 富且貴焉 恥也 『논어(論語)』 〈태백(泰伯)〉.

작동하여 바람직한 상황이 되었는데도 세상에 펼칠만한 실력을 갖추지 못해서 관직에 나가지 못하거나 실력을 갖추고도 나라(공익)를 위해 자신의 재능을 쓰지 않는 것이다. 도가 없다는 것은 원칙과 상식이 완전히 무너져 개인의 힘으로는 되돌릴 수 없는 난세(亂世)를 의미하며, 이 때 높은 관직에 올라 권세를 누리는 것은 올바른 도(道)를 배반한, 즉 사익을 위해 절개를 꺾은 행위이기 때문에 부끄러운 것이다.

〈식영정기〉에서 '흐름과 구덩이', '가는 것과 멈추는 것'은 '유도(有道)와 무도(無道)'에 대응되며, '가고 멈추는 것은 사람이 할 수 있는 것이 아니다.'라는 말은 도의 유무가 천명(天命)에 의해 결정되며 순환한다는 것을 의미한다.

한편 중세인들은 무도(無道)는 일시적인 현상인 반면 유도(有道)는 항구적인 본질로 인식했다. 구름이 일시적으로 태양을 가릴지라도 태양이 없는 것은 아닌 것처럼 일시적으로 도가 없는 것처럼 보일지라도 도는 여전히 존재하기 때문에 도가 없는 상황은 일시적인 현상일 뿐 반드시 회복된다고 믿었던 것이다. 따라서 '식영(息影)'은 일시적으로 도가 없는 상황이기 때문에 '누(累)'를 없애려 물러나지만, 다시 회복될 것을 믿기에 그늘 아래 조용히 몸을 숨기고 '기다리는 것'이다.

이런 점에서 식영정 원림은 나라에 도가 없는(無道) 상황에서 자신을 숨김으로써 양심의 가책, 세인의 손가락질, 정치적 공격[누(累)] 등으로부터 벗어나기 위한 은둔'(隱遁)의 공간'이자, 유도(有道)한 세상의 도래를 갈망하는 '기다림의 공간'이라 할 수 있다. 식영정 원림의 집경시 〈식영정이십영〉에는 이와 같은 의지가 보다 구체적으로 제시되어 있다.

식영정이십영(息影亭卄詠)

식영정 원림의 20가지 경관요소를 선정하고 의미를 부여하여 제목을 정한 사람은 식영정 주인인 임억령이다. 임억령은 〈식영정이십영〉을 직접 지어 원림의 의미를 드러냈고, 송순, 정철, 김인후 등도 정자 건립을 축하하는 의미로 〈식영정이십영〉을 지어 선물했다.

선물로 지어진 작품들은 〈면앙정삼십영〉과 마찬가지로 식영정 원림과 원림 주인을 찬양하는 내용을 담고 있다. 여기에서는 경관요소의 본래적 의미가 가장 잘 드러난 임억령의 작품을 중심으로 살펴보기로 하겠다.

1. 서석한운(瑞石閒雲 : 서석산의 한가한 구름)
2. 창계백파(蒼溪白波 : 창계의 흰 물결)
3. 수함관어(水檻觀魚 : 연못의 고기를 보다)
4. 양파종과(陽坡種瓜 : 양지 편에 오이를 심다)
5. 벽오량월(碧梧涼月 : 벽오동에 걸린 서늘한 달)
6. 창송청설(蒼松晴雪 : 날이 갠 후 소나무에 쌓인 눈)
7. 조대쌍송(釣臺雙松 : 낚시터의 소나무 한 쌍)
8. 환벽영추(環碧靈湫 : 환벽당의 신령스런 소)
9. 송담범주(松潭泛舟 : 송담에 배를 띄우다)

10. 석정납량(石亭納凉 : 석정에서 더위를 식히다)
11. 학동모연(鶴洞暮烟 : 학동의 저녁밥 짓는 연기)
12. 평교목적(平郊牧笛 : 들판의 목동의 피리소리)
13. 단교귀승(短橋歸僧 : 외나무다리를 건너 돌아가는 중)
14. 백사수압(白沙睡鴨 : 백사장에서 졸고 있는 오리)
15. 노자암(鸕鶿巖 : 가마우지 바위)
16. 자미탄(紫薇灘 : 배롱나무 여울)
17. 도화경(桃花逕 : 복사꽃 길)
18. 방초주(芳草洲 : 봄풀이 자라는 물가)
19. 부용당(芙蓉塘 : 연꽃이 핀 못)
20. 선유동(仙遊洞 : 선유동)

경관요소에서 나타나는 바, 면앙정 원림과 비교할 때, 식영정 원림은 포괄하는 범위가 상대적으로 매우 협소하며, 외부와의 격절성 및 고립성이 강하다.

식영정 원림은 은둔의 공간답게 세 겹으로 외부와 차단되어 있다. 가장 외부는 무등산(서석한운)에 의해 세상과 격리되며, 창계(창계백파, 도화경 등)로 또 한 번 외부와 차단된다. 그리고 오이를 심은 울타리(양파종과)에 의해 식영정과 외부 공간이 다시 격리된다.

원림 공간은 산과 창계 사이, 창계와 그 주변, 식영정과 성산 주변의 세 권역으로 구분될 수 있다. 산과 창계 사이에 포진된 경관요소는 서석한운 · 학동모연 · 평교목적 등이다. 창계 주변에 포진된 경관요소는 창계백파 · 조대쌍송 · 환벽영추 · 송담범주 · 단교귀승 · 백사수압 · 노자암 · 자미탄 · 도화경 · 방초주 등으로 전체 경관요소의 절반을 차지한다. 마지막으로 식영정과 그 주변에 있는 경관요소는 수함관어 · 양파종과 · 벽오양월 · 부용당 · 석정납양 · 선유동 등이다.

창계 주변의 경관요소 중에서는 '도화경(桃花逕)'이 외부와의 공간적 고립을 나타낸다.

石徑雲埋小 오솔길은 안개에 덮여 희미하고
桃花雨剪齊 복사꽃은 비에 떨어져 가지런하네
更添今日寂 오늘은 여기에 고요함을 더했으니
正似昔人迷 진정 옛 사람이 길을 잃겠네

〈17. 도화경(桃花逕) 복사꽃 길〉

인용문에서는 창계에서 물안개가 피어오르고, 그 사이로 희미하게 보이는 오솔길에 붉은 복사꽃이 떨어진 모습을 그리고 있다. 더없이 아름답고 환상적이다. 하지만 도화경과 관련된 고사는 아름답거나 환상적이기만 한 것이 아니다.

결구(結句)에 제시된 바, 복사꽃 길은 도연명(陶淵明)의 〈도화원기(桃花園記)〉에서 속세와 무릉도원을 이어주는 길이다. 무릉도원은 일반적으로 이상향과 은둔처의 두 가지 이미지를 갖고 있다. 은둔처의 이미지는 〈도화원기〉에 서술된 바, 사람들이 난세[진(秦)나라의 난리]를 피해 인적이 닿을 수 없는 곳에 숨어들어 다시는 나가지 않았다는 내용[105]에서 만들어진 것이다. 그리고 이상향(仙界) 이미지는 당나라 이후 '도화원'을 선계로 인식하기 시작하면서 만들어졌다고 한다.[106] 은둔처와 이상향 중 어느 쪽으로 보든 무릉도원은 외부와 격절된 고립적인 공간의 의미를 갖는다. '선유동(仙遊洞)'도 '선계'라는 점에서 동일한 공간 이미지를 갖는다.

105) 선대에 진나라의 난리를 피해 처자와 마을사람들을 데리고 이 외딴 곳에 들어와 다시는 나가지 않아, 마침내 외부인과 격리되었다(先世避秦時亂 率妻子邑人 來此絶境 不復出焉 遂與外人間隔). 〈도화원기(桃花園記)〉, 『정절선생집(靖節先生集)』.

106) 자세한 내용은 배병균, 「〈桃花園記〉 小攷」, 『중어중문학』7, (한국중어중문학회, 1985)를 참고할 것.

孤烟生野店 한 줄기 연기 들 주막에서 피어올라
漠漠帶山腰 아득히 산허리를 감싸네
遙想松間鶴 멀리 소나무 사이의 학은
驚飛不下巢 놀라 날아올라 둥지에 내려앉지를 않네

〈11. 학동모연(鶴洞暮烟 : 학동의 저녁밥 짓는 연기)〉

멀리 주막에서 한 줄기 밥 짓는 연기가 피어올라 아득히 산허리를 감싸자, 저물녘 둥지로 돌아가던 학이 속세의 인기척에 놀라 다시 날아오른다. 오늘날의 시각으로 볼 때, 매우 고즈넉하고 환상적인 풍경이다.

외로운 '학(鶴)'은 세상에 뜻을 펼치지 못하는 불우(不遇-때를 만나지 못한)한 은자(隱者)를 의미한다. 이런 점에서 '학동모연'은 속세와 격리된 고립된 공간을 의미하며, 작은 인기척에도 놀라는 위태로운 상황을 표현한 것으로 보인다.

더 흥미로운 것은 학동에 태평성대의 상징인 '모연(暮煙)'이 결합되었다는 점이다. 〈면앙정삼십영〉의 '원수취연(遠樹炊煙)'에서 살펴본 바, '저녁밥 짓는 연기(暮煙)'는 백성들의 풍요로운 생활을 통해 태평성대를 상징하는 대표적인 문화코드 중 하나이다.

그런데 인용문에서 연기가 피어오르는 곳은 백성들의 마을이 아닌 외로운 주점이며, 연기도 한 줄기만이 피어오를 뿐이다. 주점(野店)은 정처 없이 떠도는 나그네가 잠깐 머물러 힘든 여정을 쉬어가는 곳이라는 점에서 태평성대와 거리가 멀다. 때문에 인용문에서 '모연(暮煙)'은 순간의 태평성대, 부분의 태평성대이다. 그나마 저물녘 외로운 주점을 제외하면 어디에도 태평성대가 없다는 것을 역설적으로 드러낸 것이며, 모연이 천하에 퍼지기를 바라는 바람을 표현한 것이라 할 수 있다.

식영정의 울타리인 양파종과 · 조대쌍송 · 송담범주 · 수함관어 · 석정납량 등도 은자의 표상이라는 점에서 공간의 단절과 고립을 나타내는 경관요소이다.

> 有陰皆可息 그늘이 있으면 어디에서나 식영(息影)할 수 있으니
> 何地不宜瓜 어딘들 오이 심기에 마땅치 않으리요
> 細雨荷鋤立 가랑비에 호미를 메고 서니
> 蕭蕭沾綠蓑 소슬하게 푸른 도롱이를 적시네
>
> 〈4. 양파종과(陽坡種瓜 : 양지 편에 오이를 심다)〉

'양파종과'는 〈성산별곡〉에 제시된 청문고사(靑門故事)[107]와 관련이 있다. 진(秦)나라의 동릉후(東陵侯)였던 소평(邵平)이 진나라가 망하자 관직을 버리고 장안성(長安城) 동쪽 청문(靑門) 밖에서 은거하며 오이를 가꾸고 가난하게 살았다. 그가 심은 오이가 맛이 매우 좋아 이 오이를 동릉과(東陵瓜) 또는 청문과(靑門瓜)라고 불렀다. 이 고사로 '오이심기(種瓜)'는 은자의 생활을 상징하게 되었다. 위 시에서도 식영(息影)과 오이심기를 은자라는 같은 의미로 사용하였다.

한편 정철은 '양파종과'[108]에서 식영정이 있는 '성산(星山)'을 한(漢)나라 때 은자 '자진(子眞)의 곡구(谷口)'[109], 오이 가꾸기는 '소평(邵平)의 오이(瓜)'에 비견함으로써 식영정 주인의 은자적 면모를 보다 구체적으로 부각시켰다.

---

107) 울밑 양지(陽地)편에 외씨를 뿌려두고 / 매거니 돋우거니 빗김에 가꾸어 내니 / 청문고사(靑門故事)를 지금도 있다 하겠다.

108) 몸을 정자진(鄭子眞)의 곡구(谷口)에 숨기고 / 손수 소평(邵平)의 오이를 가꾸네 / 빗속에서 때때로 밭을 돌고는 / 한가로이 짧은 도롱이를 입고 온다네(身藏子眞谷 手理邵平瓜 雨裏時巡圃 閒來着短蓑). 〈식영정잡영십수(息影亭雜詠十首)〉.

109) 자진(子眞)은 한(漢)나라 포중(褒中) 사람으로, 곡구(谷口)에서 은둔하며 황제(成帝)의 부름에도 나아가지 않고 초야에서 밭을 갈며 살았다.

'조대쌍송'과 '벽오량월', '환벽영추' 등은 기다림을 의미하는 경관요소이다.

雨洗石無垢 비에 씻긴 돌에는 때가 없고
霜侵松有鱗 서리 맞은 소나무엔 비늘이 생겼네
此翁唯取適 이 늙은이 오직 알맞은 때를 취하니
不是釣周人 이것이 주나라를 낚았던 사람이 아닌가

〈7. 조대쌍송(釣臺雙松 : 낚시터의 소나무 한 쌍〉

서리 맞은 소나무는 환벽당 정문 맞은편에 서 있는 두 그루의 소나무[쌍송(雙松)를 말한다. 비에 씻긴 돌은 조대(釣臺)로, 쌍송 아래 물가에 있는 바위 낚시터를 가리킨다.

환벽당(環碧堂) 앞 조대쌍송(釣臺雙松)

바위와 소나무는 선비의 변치 않는 절개를 상징한다. 기구(起句)는 세속적인 욕망[(때, 垢)이 없는 깨끗한 마음을, 승구(承句)는 모진 고난(서리)에 수없이 상처(비늘)를 입어도 꿋꿋한 절개를 의미한다. 전구(轉句)와 결구(結句)는 나아가 다스릴 때와 물러나 기다릴 때를 안 강태공을 이야기한 것이다.

강태공(姜太公)의 이름은 상(尙)이며, 중국 은(殷)나라 때 사람으로 주왕(紂王)이 폭정을 자행하자 은둔하여 위수(渭水) 가에서 낚시질을 하며 세월을 기다렸다. 그러던 어느 날 성군[聖君, 주(周)나라 문왕(文王)]을 만나 국가 경영에 대한 이야기를 나눈 후 문왕에게 발탁되어 주나라를 건국하고 제국(帝國)으로 발전시키는 데 많은 공을 세웠다. 위 시는 강태공처럼 은둔하며 때를 기다리는 뜻을 담은 경관요소라 할 수 있다.

'벽오량월'에는 기다림의 대상이 보다 구체적으로 제시되어 있다.

> 秋山吐凉月 가을산이 토한 서늘한 달이
> 中夜掛庭梧 한밤중 뜰의 오동나무에 걸렸네
> 鳳鳥何時至 봉황새는 어느 때나 올까
> 吾今命矣夫 이 내 몸은 천명이 다한 듯한데.
>
> 〈5. 벽오량월(碧梧凉月 : 벽오동에 걸린 서늘한 달〉

달과 오동나무를 보며 봉황을 기다리지만, 늙음으로 인해 기다릴 수 있는 시간이 얼마 남지 않은 안타까움을 표현한 작품이다. 봉황은 오동나무에 둥지를 짓고 천 년에 한 번씩 열리는 대나무 열매를 먹고 산다고 하며, 성군을 상징한다.

위 시는 봉황(聖君)을 기다린다는 점에서 당대를 난세(亂世)로 규정한 것이라 할 수 있다. 1560년이면 명종이 문정왕후의 수렴청정을 벗어나 친정을 한 시기였다. 하지만 문정왕후는 사망(1565)하기 전까지 막강한 권력을 휘둘렀기 때문에 명종은 자신을 뜻을 제대로 펼 수가 없었다. 이 작품은 명종이 어머니의 그늘에서 벗어나 성군(聖君)으로 우뚝 서길 간절히 기다린 작품이라 할 수 있다.

소쇄원(瀟灑園) 대봉대(待鳳臺)

봉황을 기다리는 또 다른 건축물이 담양 〈소쇄원(瀟灑園)〉의 '대봉대(待鳳臺-봉황을 기다리는 대)'[110]이며, 〈소쇄원사십팔영〉 중 '오음사폭(梧陰瀉瀑 : 오동나무 그늘에 쏟아지는 폭포)'[111]과 '동대

---

110) 대 앞에는 대나무 열매가 많고 / 대 위엔 오동나무 그늘이 드리웠네 / 천년의 대는 지금도 있는데 / 어느 때나 봉황이 내려오려나(臺前多竹實 臺上散梧陰 千載臺猶在 何時下彩禽).
양산보의 후손인 양경지(梁敬之 : 1662~1734)가 병자년(1636) 7월에 지은 〈둘째 작은아버님의 가산삼십영에 삼가 차운하여 짓다(謹次仲父家山三十詠韻)〉 중 〈대봉대(待鳳臺)〉라는 작품이다.

111) 우거진 푸른 잎이 그늘을 드리웠고 / 지난 밤 냇가엔 비가 내렸네 / 어지러운 폭포가 가지 사이로 쏟아지니 / 흰 봉황이 춤을 추는 듯 하네(扶疎綠葉陰 昨夜溪邊雨 亂瀑瀉枝間 還疑白鳳舞).

하음(桐臺夏陰 : 오동나무 대(臺)의 여름그늘)[112]도 같은 지향을 담고 있다. 소쇄처사 양산보(梁山甫 : 1503~1557)도 기묘사화(己卯士禍)에서 스승이 조광조(趙光祖 : 1482~1519)를 잃고 담양에 은거하며 무도(無道)한 상황을 바로잡아 태평성대를 구현할 성군을 기다린다는 의미로 봉황을 노래한 것이다.

'환벽영추'도 성군을 기다리는 작품이다.

澄湫平沙浪 맑은 소의 물결 백사장에 일렁이고
飛閣望如船 날듯 한 정자 멀리서 보니 배 같도다
明月吹長笛 밝은 달 아래 긴 젓대를 부니
潛蛟不得眠 소에 잠긴 용은 잠을 못 이루네

〈8. 환벽영추(環碧靈湫 : 환벽당의 용소)

환벽당 앞 창계 가의 용소(龍沼)

112) 낭떠러지 바위가 받들고 있는 늙은 오동나무 / 비와 이슬의 은혜로 맑은 그늘 길게 드리웠네 / 순임금의 해가 천년 동안 밝으니 / 순임금의 남풍시(南風詩)를 지금도 읊조리네(巖崖承老幹 雨露長淸陰 舜日明千古 南風吟至今).

'환벽영추'의 다른 제목은 '환벽용추(環碧龍湫)'이다. 환벽당 앞 창계에 있는 용소(龍沼)를 말한다.

'날 듯 한 정자 멀리서 보니 배 같도다'라는 표현은 용소에 비친 환벽당의 모습을 표현한 것으로, 정자가 물에 거꾸로 비치면 지붕을 얹은 놀잇배(畫船)와 비슷하기에 이렇게 표현한 것이다.

문제는 전·결구(轉·結句)의 젓대 소리에 용(潛蛟)이 잠을 못 이룬다는 표현이다. 젓대 소리는 태평성대의 상징인데, 용은 그 소리를 듣고 왜 잠을 못 이룰까?

임억령이 쓴 또 다른 작품 〈몽유용궁기서전말(夢遊龍宮起書顚末)-용궁에서 노는 꿈을 꾸다 깨어 전말을 쓰다〉이라는 시에는 용과 관련된 이야기가 나온다. 이 시는 화자가 물가에 갔다가 노인을 만나 용에 대해 이야기하고, 배에서 잠이 들어 꿈속에서 용과 대화를 나눈 후 새벽에 깨기까지의 과정을 16수로 지은 작품이다. 아래 인용문은 그 일부이다.

湯旱連年有 펄펄 끓는 가뭄이 매년 이어지니
周豐每歲無 해마다 흉년이라네
名爲至靈物 명색이 지극한 영물인데
嗟爾不知乎 아! 그대는 어찌 모르는가!

民窮今日劇 오늘날 백성들의 곤궁함이 극심하네.
汝懶古來無 그대는 예부터 게으르지 않아
職是行雲雨 구름과 비를 내려주는 직책을 맡았는데
如何偃臥乎 어찌하여 엎드려 있는가?

長眠雖有味 긴 잠이 비록 달고
好事不如無 일을 좋아함이 일 없음만 못하지만

萬一天公召 만일 조물주가 불러도
頑然不起乎 완강히 버티며 일어나지 않을 것인가?

澤物心何忘 만물을 윤택하게 할 마음을 어찌 잊었으며
騰雲志豈無 구름 위로 오를 뜻을 어찌 없겠는가?
聖人言勿用 성인 말씀에 (잠룡)은 쓰지 말라고
周易不云乎 주역에서 이르지 않았던가?113)

해마다 이어지는 펄펄 끓는 가뭄과 흉년으로 인해 백성들이 도탄에 빠져있는데, 비를 내리는 직책을 맡고도 깊은 소에서 긴 잠에 빠져 백성들의 곤궁함을 해소해 주지 않는 용을 원망했다. 그러자 용이 자신도 만물을 윤택하게 할 마음과 구름 위로 오를 뜻이 있지만 잠룡이기에 때를 기다린다고 말하였다.

용은 물의 신(神)이다. 비를 내리는 것도, 우물물을 주는 것도 모두 용의 책무이다. 이런 점에서 용은 하늘에 올라 구름을 모아 비를 내려 만물을 살려내고 생육하는, 즉 만물을 윤택하게 하는(澤物) 직분을 맡은 존재이다. 용이 일반적으로 제왕(帝王)의 상징으로 사용되는 것은 이 때문이다. 그런데 시에서 '환벽영추'와 〈몽유용궁기서전말〉의 용은 비를 내리지 못하고 물속 깊이 웅크린 잠룡(潛龍-潛蛟)이다.

『주역(周易)』 〈건괘(乾卦 ☰)〉에서 공자는 잠룡을 다음과 같이 설명하였다.

113) 『석천선생시집(石川先生詩集)』 권4.

초구에 이르기를, "숨은 용은 쓰지 않는다" 하니 무슨 말입니까? 공자가 이르기를 "용의 덕을 갖추고도 숨어 있는 것이니, 뜻을 세속에서 바꾸지 않고 명예를 성취하지 않는다. 세상을 피해 은둔해도 번민하지 않고, 옳음을 드러내지 못해도 번민하지 않는다. 즐거우면 그것을 행하고, 근심스러우면 그것을 멀리한다. 그 뜻이 확고하여 뽑아낼 수 없는 것이 잠룡이다."라고 하였다.[114]

〈건괘〉에는 잠룡(潛龍), 현룡(見龍), 비룡(飛龍), 항룡(亢龍) 등 네 가지 용이 제시되어 있다. 잠룡(潛龍)은 제왕이 되기 이전에 몸을 숨기고 때를 기다리는 용이며, 현룡(見龍)은 지상에 몸을 드러내고 온 세상에 덕을 고루 베푸는(德施周普) 용으로 군주를 의미한다.[115] 항룡(亢龍)은 교만하고 독선적이어서 끝내 자신의 행위를 후회하게 되는 군주, 즉 폭군을 의미하는 용이다.[116] 비룡(飛龍)은 하늘에서 우주자연의 섭리를 주관하는 용[117]으로 세 가지와는 성격이 다르다.

---

114) 初九曰 潛龍勿用 何謂也 子曰 龍德而隱者也 不易乎世 不成乎名 遯世无悶 不見是而无悶 樂則行之 憂則違之 確乎其不可拔 潛龍也.

115) 구이(九二)에 이르기를 "현룡이 밭에 있으니 대인을 봄이 이롭도다."는 무슨 말입니까?라고 하니, 공자가 이르기를 "용이 갖춘 덕이 중용에 맞는 것이다. 말을 함에 믿음이 있고, 행동을 함에 삼가며, 사특함을 멀리하여 정성됨을 보존하고, 세상을 선하게 해도 자랑하지 않으니, 덕이 널리 퍼져 교화가 된다. 주역에 이르기를 '현룡이 밭에 있으니 대인을 봄이 이롭다'라고 한 것은 임금의 덕이니라."라고 하였다(九二曰 見龍在田 利見大人 何謂也 子曰 龍德而正中者也 庸言之信 庸行之謹 閑邪存其誠 善世而不伐 德博而化 易曰 見龍在田 利見大人 君德也).

116) 상구(上九)에 이르기를 "항룡은 후회함이 있다"는 무슨 말입니까? 공자가 이르기를 "귀해도 지위가 없고, 높아도 백성이 없으며, 어진 사람이 아래 있어도 도와줌이 없다. 이에 행동함에 후회함이 있는 것이다."라고 하였다(上九曰 亢龍有悔 何謂也 子曰 貴而无位 高而无民 賢人在下位而无輔 是以動而有悔也).

'항(亢-끝까지 오르다)'이라는 말은 나아감만 알고 물러섬은 모르는 것이며, 보존하는 것만 알고 망하는 것은 모르는 것이고, 얻는 것과 말고 잃는 것은 모르는 것이다(亢之為言也 知進而不知退 知存而不知亡 知得而不知喪).

117) 구오(九五)에 이르기를 "비룡이 하늘에 있으니, 대인을 봄이 이롭다."는 무슨 말입니까? 공자가 이르기를 "같은 소리로 상응하고 같은 기운으로 서로를 찾는다. 물은

'환벽영추'의 용은 잠룡으로, 왕이 되기 이전의 상태, 즉 만물을 구제할 힘이 없는 용이다. '젓대 소리(吹長笛)'를 듣고 잠을 못 이루는 이유도 아직은 태평성대를 구현할 힘이 없기 때문이다. 따라서 이 시는 잠룡이 현룡(見龍)이 되어 온 세상에 덕을 펼침으로써 태평성대를 구현하기를 기다리는, 즉 명종이 문정왕후의 그늘에서 벗어나 온전한 왕이 되어 부조리한 정국을 바로잡기를 바라는 작품이라고 할 수 있다.

〈식영정이십영〉 중에는 정자 주인이 지향하는 삶의 태도를 담고 경관요소도 있다. '서석한운(瑞石閒雲)'과 '백사수압(白沙睡鴨)'이 대표적인 예이다.

젖은 곳으로 흐르고 불은 마른 곳으로 가며, 구름은 용을 따르고 바람을 호랑이를 따른다. 성인이 일을 하면 만물이 보니, 하늘에 근본을 둔 것은 위를 가까이하고, 땅에 근본을 둔 것은 아래를 가까이한다. 각자 그 부류를 따르는 것이다."라고 하였다(九五曰 飛龍在天 利見大人 何謂也 子曰 同聲相應 同氣相求 水流濕 火就燥 雲從龍 風從虎 聖人作而萬物覩 本乎天者親上 本乎地者親下 則各從其類也).

溶溶嶺上雲 뭉게뭉게 피어오르는 봉우리 위의 구름
纔出而環斂 잠시 나왔다가 다시 걷히네.
無事孰如雲 일 없기 누가 구름 같을까
相看兩不厭 마주보고 있어도 서로 싫증내지 않네

〈1. 서석한운(瑞石閒雲) 서석산의 한가한 구름〉

시인이 포착한 구름의 덕성은 '잠시 나왔다가 사라지는 것'과 '일 없음'이다. 전자는 자유로움을 의미하며, 후자는 한가함을 의미한다.

'일이 없다'는 것은 억지로 무언가를 하려 하지 않는다는 것이다. 취지가 좋든 나쁘든 순리를 거역하면서 어떤 일을 성취하려는 마음을 '기심(機心)'이라고 하며, 기심이 없는 상태를 '무심(無心)'이라고 한다. 한가함(閒)은 무심(無心)에서만 가능하다. 구름의 출몰은 자연의 섭리에 따른 것이라는 점에서 무심한 움직임이며, 그렇기에 한가한 것이다. 정철의 〈성산별곡〉에서도 자연의 순리에 따라 무엇에도 구애받음이 없이 자유로이 나타났다가 사라지는 구름의 모습을 정자 주인의 모습에 비유하였다.118)

溪邊沙皎皎 시냇가의 모래는 희디 희고
沙上鴨娟娟 모래 위의 오리는 곱고 곱구나
海客忘機久 신선은 기심(機心)을 잊은 지 오래라
松間相對眠 솔숲에서 마주보며 졸고 있네.

〈14. 백사수압(白沙睡鴨) 백사장에서 졸고 있는 오리〉

깨끗한 백사장에 고운 오리와 화자가 솔숲에서 졸고 있다. 일반적

118) 하늘에 떠있는 구름 서석(瑞石)을 집을 삼아 / 나는 듯 드는 모양 주인과 어떠한가.

으로 오리는 고기를 잡기 위해 분주하게 돌아다니며 자맥질을 한다. 그런데 시에서는 오리가 졸고 있다. 고기를 잡을 마음(機心)이 없기 때문이다. 따라서 존다(睡)는 것은 무심(無心)하고 한가(閒)한 상태를 의미한다.

〈성산별곡〉에서도 무심하고 한가한 오리의 모습을 정자 주인의 모습에 비유함으로써 주인을 찬양하고 있다.119)

성산별곡(星山別曲)

서사(序辭)

어떤 지나는 손이 성산(星山)에 머물면서
서하당(棲霞堂) 식영정(息影亭) 주인아 내 말 듣소
인간 세상에 좋은 일 많건마는
어찌 한 강산을 갈수록 낳게 여겨
적막한 산 속에서 들어 아니 나가시는고

본사(本辭)

소나무 등걸을 다시 쓸고 대나무 평상에 자리 보아
잠깐 올라 앉아 어떠한가 다시 보니
하늘에 떠있는 구름 서석(瑞石)을 집을 삼아
나는 듯 드는 모양 주인과 어떠한가 [서석한운(瑞石閒雲)]
창계(蒼溪) 흰 물결이 정자 앞에 둘렀으니
구름 비단을 뉘라서 베어내어
이어놓은 듯 펼쳐놓은 듯 헌사도 하구나120) [창계백파(蒼溪白波)]

---

119) 淸江(청강)에 떠있는 오리 白沙(백사)에 옮아 앉아 / 白鷗(백구)를 벗을 삼고 잠 깰 줄 모르나니 / 無心(무심)코 閒暇(한가)함이 主人(주인)과 어떠한가.

산중에 달력 없어 계절을 모르더니
눈 아래 펼쳐진 풍경이 철마다 절로 나니
듣고 보는 것이 모두다 선계로다
매창(梅窓) 아침볕에 향기에 잠을 깨니
신선의 할 일이 없지도 아니하다
울밑 양지 편에 오이씨를 뿌려두고
매거니 돋우거니 비 기운에 가꿔내니
청문고사[121]를 이제도 있다 하겠다 [양파종과(陽坡種苽)]
짚신을 재촉해 신고 대지팡이 흩 짚으니 [도화경(桃花逕)]
복사꽃 핀 시내길이 방초주에 이어졌네 [방초주(芳草洲)]
달 밝은 거울 속과[122] 절로 그린 돌병풍에[123]
그림자 벗을 삼아 서하(棲霞)로 함께 가니
도원(桃源)은 어디메요 무릉(武陵)이 여기로다

남풍(南風)[124]이 살랑 불어 녹음을 흩어내니
철을 아는 꾀꼬리는 어디에서 오던고
희황(羲皇)[125] 베개 위에 선잠을 얼핏 깨니
공중에 젖은 난간 물 위에 떠 있구나[126]
베옷을 여며 입고 갈건(葛巾)[127]을 기울여 쓰고

120) '헌사하다'는 일벌이기를 좋아한다는 뜻.
121) 중국 진(秦)나라의 동릉후(東陵侯)라는 벼슬을 지낸 소평(邵平)이라는 사람이 진나라가 망하자 벼슬에서 물러나 장안성(長安城) 동쪽 청문(靑門) 밖에 은거하면서 오이를 심었다는 고사. 이 오이가 유난히 달아서 '소평과(邵平瓜)'라고 불렀다. 이때부터 '오이를 심는 행위(種瓜)'가 벼슬에서 물러나 '은둔'하는 것을 상징하게 되었다.
122) 달이 비친 물을 거울에 비유한 것임.
123) 물에 비친 절벽의 모습.
124) 여름에 부는 바람.
125) 복희씨. 중국 고대 전설상의 제왕으로 그물을 발명하여 고기잡이를 가르쳤다고 함. 태평성대의 상징.
126) 정자(식영정)가 물에 비친 모습.
127) 베옷과 갈건은 은자의 복장을 의미함.

굽힐락 비낄락 보는 것이 고기로다 [수함관어(水檻觀魚)]
하룻밤 비 기운에 홍백련(紅白蓮)이 섞여 피니 [부용당(芙蓉塘)]
바람기 없어서 온 산이 향기로다
염계(濂溪)[128]를 마주 보아 태극(太極)[129]을 묻는 듯
하늘의 신선이 시를 써 헤쳐 놓은 듯
노자암(鸕鶿巖) 바라보며 **자미탄(紫微灘)** 곁에 두고
큰 솔을 차일[130] 삼아 석정[131]에 앉으니 [석정납량(石亭納凉)]
인간세상 유월(六月)이 여기는 가을이로다
맑은 강에 떠있는 오리 백사장에 옮아 앉아 [백사수압(白沙睡鴨)]
갈매기를 벗을 삼고 잠 깰 줄 모르나니
무심(無心)코 한가(閒暇)함이 주인과 어떠한가

오동나무 서리 달[132]이 새벽에 돋아오니 [벽오량월(碧梧凉月)]
온 봉우리와 골짜기가 낮인들 그러할까
호주 수정궁[133]을 어느 누가 옮겨 온고
은하수를 뛰어 건너 광한전(廣寒殿)[134]에 올라온 듯[135]
짝 맞은 늙은 솔은 조대[136]에 세워 두고 [조대쌍송(釣臺雙松)]
그 아래 배를 띄워 갈 데로 던져두니 [송담범주(松潭泛舟)]
홍료화(紅蓼花) **백빈주(白蘋洲)** 어느새 지냈건데
환벽당[137] 용소(龍沼)가 뱃머리에 닿았어라 [환벽영추(環碧靈湫)]

---

128) 〈애련설(愛蓮說)-연꽃을 사랑하는 글〉을 쓴 주돈이(周敦頤)의 호(號).
129) 우주 만물의 근원.
130) 차일(遮日). 햇빛 가리개.
131) 석정(石亭). 자연석과 소나무로 이루어진, 자연이 만든 정자.
132) 오동나무에 걸린 가을 달.
133) 호주 수정궁(湖洲 水晶宮). 호수에 있는 수정으로 만든 전설적인 궁.
134) 옥황상제가 사는 궁전.
135) 식영정 앞에는 창계라는 시냇물이 흐르고 식영정은 높다란 절벽 위에 자리잡고 있다. 따라서 은하는 창계를, 광한전은 식영정을 의미한다.
136) 조대(釣臺). 낚시터. 환벽당 앞 창계 가에 있는 바위.
137) 정철의 처 외조부인 사촌(沙村) 김윤제(金允悌 : 1501-1572)의 거처.

맑은 강 풀밭 가에 소 먹이는 아이들이
석양에 흥이 겨워 피리[短笛]를 빗겨 부니 [평교목적(平郊牧笛)]
물 아래 잠긴 용이 잠 깨어 일어날 듯
내[138] 기운에 나온 학이 제 깃을 던져두고 [학동모연(鶴洞暮烟)]
공중에 솟아 뜰 듯
소동파 적벽부는 추칠월(秋七月)이 좋다하되[139]
팔월 보름 밤보다야 모두 어찌 낫겠는고
고운 구름 걷히고 물결이 잔잔한 때
하늘에 돋은 달이 솔 위에 걸렸거든
잡다가 빠진 줄 이태백[140]이 헌사할샤

빈 산에 쌓인 잎을 겨울바람이 거둬 불어
떼구름 거느리고 눈조차 몰아오니
조물주가 호사(好事)[141]로다 옥으로 꽃을 지어
온 숲과 나무를 꾸며 냈구나 [창송청설(蒼松晴雪)]
앞 여울 가가 얼어 외나무다리 비꼈는데
막대 멘 늙은 중이 어느 절로 간단 말고 [단교귀승(短橋歸僧)]
산옹(山翁)의 이 부귀를 남에게 알리지 마오
경요굴(瓊瑤窟) 은세계(銀世界)[142]를 찾을 이 있을세라

산 속에 벗이 없어 서책을 쌓아 두고
만고 인물을 거슬러 생각하니

---

138) 안개나 아지랑이 등의 뿌연 기운을 통틀어 이르는 말.
139) 중국 북송 때의 시인 소동파(蘇東坡, 1037~1101)가 지은 〈적벽부(赤壁賦)〉는 7월에 벗들과 적벽에 놀러갔다가 흥취를 노래한 작품임.
140) 중국 당나라 때 시인 이백(李白, 701~762). 채석강에서 술에 취해 뱃놀이를 하던 도중 물에 비친 달을 건지려다가 물에 빠져 죽었다고 함. 후에 고래를 타고 하늘에 올라가 신선이 되었다[기경상천(騎鯨上天)]는 전설이 있음.
141) 일벌이기를 좋아함. 헌사함.
142) 옥으로 만든 집과 은으로 만든 세계. 얼음과 눈으로 뒤덮인 세상을 이름.

성현도 많거니와 호걸도 많고 많다
하늘이 만드실 제 곧 무심 할까마는
어떠한 시운(時運)[143]이 될락 말락 하였는고
모를 일도 많거니와 애달픔도 그지없다
기산(箕山)의 늙은 노인[144] 귀는 어찌 씻었던고
박 소리 핑계하고 거짓 절개[造裝] 가장 높다
인심이 낯같아서 볼수록 새롭거늘
세상사는 구름이라 험하기도 험하구나
엊그제 빚은 술이 어느 정도 익었느니
잡거니 밀거니 실컷 기울이니
마음에 맺힌 시름 누그러지는구나.
거문고 줄을 얹어 풍입송(風入松)[145]이 되었구나
손님인지 주인인지 다 잊어 버렸어라
하늘에 떴는 학이 이 골의 신선이라 [선유동(仙遊洞]
달의 요대(瑤臺)에서 행여 아니 만나셨나
나그네가 주인에게 이르되 그대 권가 하노라

〈성산별곡〉은 정철(鄭澈 : 1536~1593)이 지은 작품으로, 지나가던 손님이 주인에게 세상을 등지고 은둔한 이유를 묻는 것으로 시작된다. 이 작품은 〈식영정이십영〉과 마찬가지로 정자를 건립한 것을 축하하기 위해 지은 것이다. 인용문에 제시된 바, 〈성산별곡〉 본사는 〈식영정이십영〉의 경관요소를 모두 포괄하고 있으며, 경관요소의 의미 또한 동일하다. 따라서 〈성산별곡〉은 〈식영정이십영〉의 국문시가 버전이라 할 수 있다.

---

143) 시대나 그 때의 운수.
144) 중국 고대 요(堯)임금 때의 은자 소부(巢夫)와 허유(許由)와 관련된 고사. 귀를 씻은 사람은 허유임.
145) 태평성대를 기원하는 내용을 담고 있는 궁중음악.

앞서 살펴본 바, 〈성산별곡〉에서 화자는 주인의 덕성을 찬양하기 위해 주인을 무심하고 한가한 구름과 조는 오리에 비견했다. 또한 경관요소들을 사계(四季)에 고루 배치하여, 우주자연의 순환의 질서와 자연의 질서에 따라 살아가는 식영정 주인을 모습을 찬양하였다.

〈성산별곡〉에서 주인의 모습은 무도(無道)한 현실에서 물러나 세속과 격절된 공간에서 수기(修己)에 힘쓰며, 세속적 욕망에서 벗어나 어디에도 구애받지 않는 완전히 자유로운 존재로 표현되어 있다.

결사에는 화자 자신의 이야기를 하고 있다. 화자는 역사를 돌아보면서 시운이 이루어지지 않을 것과 현재의 험한 현실을 슬퍼한다. 그러다가 주인과 술을 마시고 난 후 시름을 모두 풀렸다고 하였다.

시름이 풀린 이유는 〈식영정기〉에 제시되어 있다. 〈식영정기〉에서는 부귀빈천은 조물주에 의해 결정되는 것이기에 슬퍼할 일도 기뻐할 일도 아니라고 했다. 화자는 주인과의 대화를 통해 시운이 이루어지지 않은 이유를 알았고, 그것을 슬퍼할 필요가 없음을 깨달은 것이다. 현상에 집착하여 슬픔에서 벗어나지 못했던 화자가 본질을 깨우쳐 주는 식영정 주인을 만나 마음의 갈등과 슬픔이 해소된 것이다. 그런데 이것은 자신을 낮추고 원림 주인을 높이려는 문학적 수사이다. 이런 수사를 사용한 것은 이 작품이 정자 건립 축하 선물이기 때문이다.

5. 글을 마치며

사용자의 시각에서 보아야 문화가 보인다

문화를 보는 방식은 문화재인 사물을 보는 것과 그것을 만들고 향유했던 사람의 입장에서 보는 것이 있다. 문화재를 인문학적으로 본다는 것은 사람의 입장에서 보는 것이다.

도자기가 하나 있다. 경제적 가치에 관심을 둔 사람이라면 가장 궁금한 것이 가격일 것이다. 아름다움에 관심을 둔 사람이라면 그 릇의 어떤 면이 아름다움을 발산하는지에 관심을 둘 것이다. 고고학자라면 연대와 재료, 만든 곳, 희소성 등이 궁금할 것이다. 인문학의 입장에서 궁금한 것은 그릇의 용도와 당대 식문화와의 관련성이다. 그 그릇에 어떤 음식을 담아 먹었으며, 도자기의 빛깔은 당대 식문화와 어떤 측면에서 어우러졌을까 하는 것이다.

누정과 궁궐이나 사찰, 살림집 등은 모두 건축물이지만 만들고 사용한 사람의 입장에서 보면 각각 다른 곳에 초점을 맞추어 보아야 한다. 살림집은 내부 공간의 효율성과 편리성, 안락함 등이 가장 중요한 요소라 할 수 있다. 따라서 내부의 공간 분할, 동선(動線), 전망(前望), 햇빛, 공기의 흐름 등을 건축 구조적인 측면에서 살펴보는 것이 중요하다.

궁궐이나 종교건축물은 권위와 신성성을 중요시하는 건축물이라는 점에서 내부에서 건축물을 사용하는 사람의 시각뿐만 아니라 어떤 요소를 통해 권위와 신성성을 드러내고 있는지에 초점을 맞추어야 한다.

누정은 유가의 이념과 관련된 건물이라는 점에서 효율성이나 편리성보다는 이념적 측면에서 그 기능과 의미를 이해하는 것이 중요하다.

관에서 세운 누각(樓閣)은 권위와 치화(治化-이상적인 정치가 완전히 구현된 것)를 드러내기 위해 지어졌다는 점에서 그것을 구현하는 건축적 요소 및 공간적 요소를 보아야 한다. 반면에 사적으로 지어진 정자는 기본적으로 수기를 위한 공간이다. 그러나 외적인 상황이나 정자 주인의 처지에 따라 원림을 통해 구현한 세계가 다를 수 있다. 따라서 경관요소를 통해 주인이 구현하려 했던 세계는 어떤 모습이며, 왜 그런 모습을 가지게 되었는지를 당대의 역사와 주인의 처지에서 읽어내는 것이 중요하다.

누정을 중심으로 한 산수 원림은 외부의 경관요소를 끌이와[차경(借景)] 주인이 지향하는 세계를 구현한다. 따라서 원림이 지향하는 세계는 오로지 경관요소를 통해 그 구체적인 세계상이 구현된다. 경관요소는 이를 위해 원림 주인이 누정 바깥에 존재하는 사물이나 풍경 중에서 선택하고 의미를 부여한 것들이다. 따라서 주인이 어떤 사물이나 풍경을 선택했으며, 각각에 어떤 의미를 부여했고, 그것들을 모아 어떤 세계를 구현하려 했는지를 보는 것이 누정 보기의 핵심이라 할 수 있다.

누정에는 기둥만 있을 뿐 벽이 없는 이유가 여기에 있다. 누정은 내부를 보호하기 위한 건물이 아니라 외부를 조망하기 위한 건물이기 때문이다.

당대인의 언어를 알아야 보인다

코드*Code*란 일정한 시간동안 일정한 공간의 구성원들 사이에서 동일한 의미로 이해한 간략화된 기호(略號)를 말한다. '코드가 같다'는 것은 어떤 대상에 대한 의미 파악이나 상황에 대한 인식이 같다는 뜻이다.

외국인은 공간적으로 떨어져 있기 때문에 사고방식이나 행동양식이 다르다는 것을 쉽게 인정한다. 하지만 공간이 같을 경우 시간적으로 먼 대상에 대해서는 다를 것이라는 생각을 하지 않는 경우가 많다. 그러나 우리나라 화폐에 인쇄된 인물들은 외국인만큼이나 우리와 다른 사람들이다. 그들은 중세인이며 우리는 근대인이다.

외국인의 사고방식이나 행동양식을 이해하려면 그들의 입장에서 보아야 하는 것처럼 중세인의 사고와 행동양식을 이해하려면 그 시대로 돌아가 그들의 입장에서 그것들을 바라보아야 한다. 이것을 '역사적 원근법'이라고 한다.

중세는 불교나 유교, 기독교 등 하나의 종교 또는 이념이 지배했던 시대를 말한다. 중세인들은 자신의 종교나 이념의 지배를 받는 세계만을 '문명(文明)'으로, 다른 것은 모두 '야만(野蠻)'으로 인식했다. 자신들의 문화와 '다른 것'은 '틀린 것'이었다. '다른 것'을 '틀린 것'이 아닌 '다른 것'으로 인정하는 시대는 '근대(近代)'이다.

중세의 지식인들은 동일한 경전(經典)에서 지식을 얻었다. 즉 공유했던 경전이 동일했던 것이다. 때문에 어떤 인물의 이름만을 제시하거나 상황을 단순히 하나의 단어로 표현해도 그 인물이나 상황과 관련된 복잡하고 긴 이야기를 모든 구성원들이 공유하고 있다.

중세(中世)의 문화예술은 거의 대부분 이와 같은 문화코드로 이루어졌다고 해도 과언이 아니며, 때문에 당대의 문화코드를 이해하는 것은 역사적 원근법에 의거하여 중세문화를 이해하기 위한 첫번째 관문이라 할 수 있다.

예를 들어, '다윗과 골리앗'이나 '지장보살(地藏菩薩)', '맹종(孟宗)과 왕상(王祥)' 등은 해당 종교를 독실하게 믿는 신자라면 누구나 아는 말이지만, 다른 종교를 믿는 사람은 특별히 공부하지 않은 이상 그 의미를 이해하지 못한다. 이 이름들은 해당 종교에서 하나의 코드*Code*로 사용된다.

이처럼 중세에는 경전의 내용을 적어도 지식인 집단 내에서는 모든 구성원들이 공유했기 때문에 압축적이고 상징적인 표현만으로도 복잡하고 긴 내용을 공유할 수 있었던 것이다. 그러나 근대가 되면 다른 이념이나 종교가 허용되고 그에 따라 다른 가치관이나 행동양식이 용인됨에 따라 구성원 내부에서 공유되는 코드*Code*가 현격하게 줄어들게 된다. 이 때문에 중세에는 압축성과 상징성이 강한 시(詩)가 문학의 중심이 되고, 근대에는 구체성과 서술성이 강한 '이야기'가 문학예술의 중심이 된 것이다.

앞서 살펴본 누정문화와 관련된 용어들은 같은 표현이라도 오늘날과는 그 의미와 기능이 다른 경우가 많다. 누정문학에서 저녁연기[모연(暮煙)], 아침연기[조연(朝煙)], 밥 짓는 연기[취연(炊煙)], 붉은 게와 누런 닭[자해황계(紫蟹黃鷄)] 등은 풍요로운 백성들의 생활을 의미하며, 농부의 노래[농가(農歌), 농구(農謳)], 어부의 노래[어가(漁歌)], 목동의 피리소리[목적(牧笛)], 어부의 피리소리[어적[(漁笛)], 밤 고기잡이 횃불[어화(漁火), 야화(夜火)], 장삿배[상선[(商船)], 밭일을 하는 모습, 밭으로 밥을 내가는 모습, 집으로 돌아오는 모습 등은 모두 전쟁이나 부역

등에 동원되지 않고 생업에만 전념할 수 있는 백성들의 모습을 의미한다. 즉 이것들은 모두 유교적 이상세계, 즉 태평성대를 표상하는 문화코드*Cultural Code*이다. 이 외에 누정의 이름으로 사용된 광한(廣寒), 식영(息影), 면앙(俛仰) 등도 모두 문화코드라 할 수 있다. 이처럼 근대 이전의 문학과 문화는 수 없이 많은 문화코드로 이루어져 있기 때문에 문화코드를 이해하지 못하면 그 문화나 문학을 이해할 수 없는 것이다.

하나의 종교 내지 이념의 지배를 받는 사회에서는 문화 예술의 전형성과 보편성이 강하다. 그것은 옳고 그름, 아름다움과 추함, 진실과 거짓을 판단하는 기준이 이미 절대적으로 신봉되는 경전에 제시되어 있기 때문이다. 작가의 개성은 표현 정도에만 허용될 뿐, 내용은 경전에 제시된 범위를 벗어날 수 없다. 그렇게 되면 작가 자신이 '이단(異端)'이 되기 때문이다.

누정문화에서 태평성대가 전란이나 폭력에 피해를 입지 않고 계급에 따라 자신의 직분에만 전념하며 살아가는 모습으로 표현된 것은 그것이 유가에서 추구하는 태평성대의 전형적인 모습이기 때문이다. 또한 관에서 건립된 루(樓)가 태평성대의 상징이라는 공통된 의미를 갖는 것이나, 이상세계를 구현하려한 원림에 반드시 생업에 힘쓰는 백성들의 모습이 나타나는 것도 누정이 갖고 있는 전형성 때문이다.

근대예술의 목적은 개성적 표현과 내용을 통해 새로운 가치나 숨겨져 있던 진실을 드러내는 데 목적이 있다. 하지만 중세예술에서는 이념이나 종교의 가르침이나 진리 자체를 충실하게 드러내는 것이 무엇보다 중요하다. 때문에 작가성이나 개성보다는 내용 자체의 진리성이 가장 중요한 요소가 된다. 그런데 종교나 이념적 진리는 두 개일 수 없기 때문에 보편성과 전형성이 강할 수밖에 없다.

따라서 중세문화는 해당 문화의 전형성과 보편적 가치체계를 이해하는 것이 무엇보다 중요하다.

문화란 이름 짓기에서 시작된다

내가 그의 이름을 불러주기 전에는
그는 다만
하나의 몸짓에 지나지 않았다
내가 그의 이름을 불러주었을 때
그는 나에게로 와서
꽃이 되었다

너무나도 유명한 김춘수 시인의 〈꽃〉이라는 시의 일부이다. 내가 '그'에게 관심을 두지 않았을 때, '그'는 모르는 사이에 스쳐 지가는 많은 움직임(몸짓) 중 하나, 즉 나에게는 아무런 의미가 없는 많은 사물들 중 하나였다. 하지만 내가 어느 순간 '그'를 인식하고 '그'의 '이름'을 불러 주자 '그'는 비로소 내 세계로 들어와 나와 관계를 맺고 내 삶에 특별한 의미가 있는 '꽃'이 되었다.

대학마다 학생들만이 아는 작은 길이나 장소가 있고, 그곳에는 빠짐없이 '다람쥐길', '솔못'처럼 이름이 있다. 이 이름들은 학생들 스스로 지은 것이다. 강의 시간에 늦지 않기 위해 많은 학생들이 다람쥐처럼 빠르게 지나다녔기에 '다람쥐길'이라는 이름을 붙인 것이다. 졸업 후 학교를 떠올리면 다람쥐길이 생각나고, 다람쥐길을 생각하면 보다 나은 미래를 위해 이 강의실에서 저 강의실로, 강의실에서 도서관으로 다람쥐처럼 열심히 뛰어다녔던 학창시절의 추억이 떠오르는 것이다. 또 이 길은 그 학교를 졸업했던 학생 모두가 경험을 공유했기 때문에 그들만의 연대감을 형성시킨다. 만일 이 길에 이름이 붙여지지 않았다면 이런 추억과 연대감은 생겨날 수가 없는 것이다. 공통의 기억과 연대감은 이미지를 만들어내고, 이미지는 공간의 경험을 공유한 구성원의 문화로 자리를 잡는다.

여행을 하다가 마주치는 노적바위, 깔딱고개, 용소(龍沼) 등도 모두 마을 구성원들에 의해 이름을 지어진 것이다. 마을 구성원들은 이것들에 소망을 빌기도 하고, 고향을 떠난 사람들은 이것들을 통해 고향을 그리기도 한다. 그 고장 사람들에게 이것들은 단순한 장소나 사물이 아니라 특별한 의미를 가진, 삶과 밀접한 관계를 맺고 있는 어떤 것이다. 이런 점에서 사물에 이름을 지어준다는 것은 그것에 의미를 부여하고 관계를 맺는 행위이며, 궁극적으로 그 장소와 그곳에 살고 있는 사람들의 문화를 창조하는 일이다.

누정문화에서 집경시의 제목들은 그 명칭을 통해 누정 주인에게 특별한 의미로 다가와 그의 삶과 관계를 맺게 된다. 그리고 이것들이 모여 하나의 세계를 구성하고, 그것들을 공동체 구성원들이 공유하게 되면 하나의 문화가 되는 것이다. 이렇게 만들어진 문화는 다음 세대로 이어지면서 다른 문화와 구별되는 그들만의 독특한 문화적 정체성으로 자리를 잡게 되는 것이다.

집경시에 붙여진 이름(제목)들은 누정 주인이나 공동체 구성원이 지향해야할 바람직한 가치를 담고 있다. 이름을 붙이는 행위는 기억과 연대를 넘어 새로운 가치를 창출하고 그것을 공유함으로써 미래적 전망을 만들어내는 행위인 것이다.

인문학으로 누정 읽기

저 자 : 박 연 호
발행처 : 충북대학교 출판부
발행인 : 김 수 갑
주 소 : 28644 충북 청주시 서원구 충대로 1
전 화 : (043) 261-2952, 3014
팩 스 : (043) 274-1256
이메일 : presscbu@chungbuk.ac.kr
등 록 : 제1983-2001-7호
초판1쇄: 2018.11.26
인쇄처 : 삼성디자인기획

* 이 책은 충북대학교 학술연구지원사업 및 대학인문역량강화사업 (CORE)의 3차년도(2018년) 사업지원을 받아 발간되었음.

ISBN 978-89-7295-476-7 93810

값 15,000원